D1748676

UMWELT-
GESCHICHTE
VON
NORDRHEIN-
WESTFALEN

CHRISTOPH NONN

# UMWELT-GESCHICHTE VON NORDRHEIN-WESTFALEN

GREVEN VERLAG KÖLN

Die *Geschichten von Nordrhein-Westfalen* werden im Auftrag des Brauweiler Kreises für Landes- und Zeitgeschichte e. V. von Markus Köster und Sabine Mecking herausgegeben.

© Greven Verlag Köln, 2018
Lektorat: Mechthilde Vahsen, Düsseldorf
Gestaltung: Thomas Neuhaus, Billerbeck
Satz: Angelika Kudella, Köln
Gesetzt aus der Concorde
Lithografie: Prepress, Köln
Druck und Bindung: CPI books, Leck
Umschlagabbildung: Fotolia/emer
Alle Rechte vorbehalten
ISBN 978-3-7743-0691-2

Detaillierte Informationen über alle unsere Bücher finden Sie unter:
**www.Greven-Verlag.de**

# Inhalt

**Mensch und Natur vor der Industrialisierung**
Begriffe und Bewusstsein .................................................. 7
Landwirtschaft, Städte und Gewerbe ............................... 9
»Holznot« ............................................................................ 19

**Die große Transformation**
Energie ................................................................................ 32
Emissionen ......................................................................... 36
Einsprüche ......................................................................... 52

**Stille Jahre: Die Zeit der Weltkriege**
Kriege und Krisen .............................................................. 66
Naturschutz und Nation .................................................... 76
Grün und Braun ................................................................. 85

**»Wirtschaftswunder« und Wohlstandsgesellschaft**
Wiederaufbau ..................................................................... 93
Eine umweltpolitische Wende .......................................... 104
Wertewandel ...................................................................... 111

**Im ökologischen Zeitalter?** 120
Erfolgsgeschichten und Trendwenden 123
Neue und alte Probleme 140
Große und kleine Politik 148

**Literaturhinweise** 156

# Mensch und Natur vor der Industrialisierung

## Begriffe und Bewusstsein

Mit dem Bauch nach oben, verfärbt, vielfach mit weggefressener Haut: So trieben Millionen tote Fische im Juni 1969 den Rhein herab – vorbei an Bonn, Köln und der nordrhein-westfälischen Landeshauptstadt Düsseldorf. Als »größte Katastrophe des Rheins« wurde das traurige Schauspiel vom Düsseldorfer *Handelsblatt* charakterisiert. Auch sonst reagierte die Öffentlichkeit geschockt. Eine Aachener Zeitung erklärte, das massenhafte Fischsterben sei »ein Warnzeichen für uns alle«. Bald stand fest, dass ein von der chemischen Industrie produziertes Pflanzenschutzmittel, ein Insektengift, für das Fischsterben verantwortlich war. Selbst in Frankreich, Großbritannien und Schweden berichteten Medien darüber. Am Rhein wurde deshalb bereits ein massiver Rückgang der Touristenzahlen befürchtet.

Der in Unna erscheinende *Hellweger Anzeiger* nahm den Vorfall sogar zum Anlass, zu orakeln, »dass die Menschheit in gar nicht allzu ferner Zeit selbst an den Mitteln zugrunde gehen wird, die sie zur Sicherstellung ihrer Ernährung entwickelt und in großen Mengen produziert hat.« Das Bielefelder *Westfalen-Blatt* fragte skeptisch: »Wem wird eines Tages der ganze technische Fortschritt noch nutzen, wenn die saubere Luft über den Städten und das reine Wasser in Land und Meer immer knapper werden?« Wiederholt wurde die Katastrophe zum Anlass genommen, Politiker angesichts der bevorstehenden Bundestagswahlen zu mehr Engagement für die »Reinhaltung der Lebenselemente Luft und Wasser« aufzufordern: Es müsse der Politik dazu endlich »etwas mehr einfallen als bisher«.

Nach den Wahlen, die im September 1969 eine Koalition aus SPD und FDP gewann, versprach der neue Bundeskanzler Willy Brandt in seiner Regierungserklärung, dass »dem Schutz der Natur, von Erholungsgebieten, auch der Tiere, mehr Aufmerksamkeit geschenkt werden muss.« Gemessen an der Aufbruchstimmung und dem Image von jugendlicher Frische und Innovationskraft, das Brandt sonst zu vermitteln wusste, wirkte dieser Teil der Erklärung rhetorisch eher altbacken. So wurde es Aufgabe des neuen Bundesinnenministers Hans-Dietrich Genscher, die hohen Erwartungen der Öffentlichkeit an den Schutz der Natur und der Menschen zu befriedigen. Genscher und seinen Beamten gelang das seit 1970 durch ein Bündel von Gesetzen, aber nicht zuletzt auch durch das Aufgreifen eines neuen Wortes, das bereits in den Kommentaren zum Fischsterben im Rhein oft gefallen war: Umweltschutz.

Umwelt ist in der deutschen Sprache ein ziemlich junges Wort. Von Umweltschutz redet man sogar erst seit dem Übergang von den 1960er- zu den 1970er-Jahren. Davor waren auch Wörter wie Umweltpolitik, Umweltbewegung und dergleichen kaum gebräuchlich. Das Wort »Umwelt« hat ebenfalls erst um 1970 seine heutige Bedeutung erhalten.

Neue Begriffe spiegeln oft ein neues Bewusstsein. Um 1970 verbreitete sich weithin die Erkenntnis, dass der Mensch seine Umgebung nicht nur formt und verändert, sondern dass er auch existenziell abhängig von ihr ist. Die Nutzung von Ressourcen unserer Umwelt hat ihren Preis: Wir gefährden damit unter Umständen unsere Gesundheit, unser Leben, ja das Überleben der ganzen Menschheit. Das Denken in Umweltkategorien ist letzten Endes ein Denken in globalen Maßstäben. Es ist geprägt von der Einsicht, dass Einzelne mit ihren Taten, auch wenn diese im lokalen, regionalen oder nationalen Rahmen geschehen, an dem Ast sägen können, auf dem alle Menschen sitzen.

Bevor sich das Wort Umweltschutz in den 1970er-Jahren etablierte, sprach man von Naturschutz. Heute werden die beiden Begriffe nicht selten synonym verwendet. Ursprünglich meinte Naturschutz aber etwas anderes. Als das Wort an der Wende vom 19. zum 20. Jahrhundert aufkam, bezeichnete es das Bemühen um den Schutz einzelner Bäume, Tierarten oder Landschaften durch menschliche Aktivität. Ein Denken in Kategorien globaler ökologischer Zusammenhänge verband sich damit noch kaum. Naturschützer ergriffen vielmehr zunächst lokal, dann zunehmend auch auf der Ebene von Regionen oder Nationen Partei für Lebensformen und Lebensräume, die durch menschliches Handeln zurückgedrängt und verändert zu werden drohten.

### Landwirtschaft, Städte und Gewerbe

Der Mensch wirkt auf seine Umwelt ein, seit er auf der Erde ist. Mit dem Übergang zur Landwirtschaft erreichte diese Einwirkung eine neue Qualität. Das geschah im Raum des heutigen Nordrhein-Westfalen ungefähr 4500 Jahre vor dem Beginn der christlichen Zeitrechnung. In der Region zwischen Maas und Weser verwandeln Menschen seitdem Naturlandschaften in Kulturlandschaften. Landwirtschaftliche Flächen wurden meist durch die Rodung von Urwald geschaffen, der bis dahin den größten Teil des Landes bedeckt hatte.

Die Menschen vergrößerten auf diese Weise ihren Nahrungsspielraum und schufen die Voraussetzung für Bevölkerungswachstum. Diese frühen Eingriffe in die natürliche Umgebung konnten allerdings auch negative Folgen haben. Die intensive landwirtschaftliche Nutzung des Bodens laugte diesen mit der Zeit aus, die Erträge sanken. Auch Erosion des Mutterbodens durch Wind und Wasser, den die Wurzeln des Waldes nun nicht mehr festhielten, kam vor.

Manchmal erschwerte es die topografische Beschaffenheit des Geländes, die landwirtschaftlich nutzbare Fläche weiter auszudehnen oder intensiveren Ackerbau zu treiben. In Mooren und Sümpfen, den Mittelgebirgen und auf nährstoffarmen Böden stießen die frühen Siedler an die Grenzen der natürlichen Ressourcen. Doch das blieb sehr lange allenfalls ein lokal spürbares Phänomen. Inwieweit ökologische Probleme zu Hungersnöten beitrugen, damit Abwehrkräfte gegen Krankheiten und Seuchen verringerten und für den Rückgang von Bevölkerungszahlen mitverantwortlich wurden – darüber lässt sich für die Zeit bis zum Ende des Mittelalters nicht viel mehr als spekulieren.

Um das Jahr null waren immer noch etwa drei Viertel der Fläche des späteren Nordrhein-Westfalen von Wald bedeckt. Landwirtschaftlich genutzt wurde zu diesem Zeitpunkt vor allem die Rheinebene. Ackerbau trieben die germanischen Siedler auch in einigen der Flusstäler rechts des Stroms, etwa an Lippe und Ruhr. Nachdem die Römer sich am linken Rheinufer festsetzten, rodeten sie Teile der Wälder, die bisher die Eifel noch fast vollständig bedeckt hatten. Parallel dazu nahmen offenbar die Bevölkerungszahlen links des Rheins zu. Um die römischen Legionslager in Xanten, Neuss, Bonn und vor allem Köln entstanden größere Siedlungen. Metalle wurden in der Region bereits seit etwa 1500 v. Chr. verarbeitet, aber unter römischer Herrschaft erlebte das Metall verarbeitende Gewerbe einen bisher beispiellosen Aufschwung – und seine Abfälle verunreinigten in bisher beispiellosem Umfang Gewässer und Boden.

Wie die Herrschaft der Römer war auch dieses neue Niveau von Umweltbelastungen allerdings nur von relativ kurzer Dauer. Mit der schrittweisen Auflösung der römischen Herrschaft am Rhein während des 4. und 5. Jahrhunderts nahmen landwirtschaftlich bearbeitete Fläche und Bevölkerungsdichte wieder ab. Der Wald eroberte den Großteil der Eifel zurück. Auch die Römerstädte am Rhein und die während der Römerzeit boomenden Gewerbe schrumpften, teilweise verfielen sie ganz. Im 6. Jahrhundert verringerte eine sich seuchenartig ausbreitende Infektionskrankheit, wahrscheinlich die Pest, die Bevölkerung noch weiter.

Die Erholung von den demografischen Folgen dieser Katastrophen dauerte lange. Erst um das Jahr 900 dürfte die Bevölkerungsdichte der Spätantike wieder erreicht worden sein. Danach kam es erneut zu einem starken Anstieg, der sich während des gesamten Hochmittelalters fortsetzte. Die Eingriffe der Menschen in die Natur nahmen Ausmaße an, wie es sie bis dahin nur unter römischer Herrschaft gegeben hatte. Im 13. Jahrhundert war die Nutzung natürlicher Ressourcen auf dem Gebiet des heutigen Nordrhein-Westfalen schließlich deutlich intensiver als zur Zeit der Antike.

Die größte Stadt in der Region war nach wie vor Köln mit mehr Einwohnern als jemals in römischer Zeit. Es gab wesentlich mehr Städte – auch wenn die Mehrheit der Bevölkerung immer noch auf dem Land lebte. Anders als während des Höhepunktes der römischen Herrschaft waren die Städte wegen der vergleichsweise unsicheren politischen Lage nun ummauert. Aus demselben Grund wurden sie lange Zeit nicht durch Fernwasserleitungen versorgt: Auf glasklares Quellwasser aus der Eifel, das die Bürger des römischen Köln hatten genießen können, mussten die Bewohner der hochmittelalterlichen Stadt verzichten.

Denn die Versorgung damit hätte in Kriegszeiten durch Feinde allzu leicht unterbrochen werden können.

Ihr Wasser holten die Städter des Mittelalters daher in der Regel aus Brunnen innerhalb der Mauern. Seit dem 14. Jahrhundert wurden auch einige Leitungen gebaut, die zusätzlich meist Fließgewässer der näheren Umgebung anzapften und deren genauer Verlauf geheim war. Größtenteils blieb die Wasserversorgung der Städte aber noch bis ins 19. Jahrhundert vom lokalen Grundwasser abhängig. Das war mit beträchtlichen Risiken verbunden, denn hinter den engen Stadtmauern befanden sich die Brunnen in nächster Nähe zu den Gruben für menschliche Verdauungsprodukte und andere Haushaltsabfälle. Die Entsorgung solcher Abfälle war in der Regel Privatsache. Die meisten Städter erledigten ihre Notdurft in Latrinen, die sich direkt über der Grube befanden. In reichen Kölner Patrizierhaushalten leistete man sich dagegen ein sogenanntes »heimliches Gemach«, aus dem die Fäkalien durch eine Röhre in ein unterirdisches Gewölbe im Keller des Hauses fielen.

Diese Gewölbe, Gruben oder »Kasten« hatten oft ein beträchtliches Fassungsvermögen. Überliefert sind Fälle, in denen sie erst nach 30 Jahren Benutzungsdauer geleert werden mussten. Manchmal nutzte man als »Kasten« auch alte Brunnenschächte. Techniken der Abdichtung waren zwar bekannt und ihre Verwendung wurde von Stadtverwaltungen wiederholt angemahnt. Einzelne Gruben, etwa im mittelalterlichen Duisburg, verfügten auch über eine exzellente Isolierung. Doch das war eher die Ausnahme. Bei den meisten archäologisch untersuchten Abfall- und Fäkaliengruben mittelalterlicher und frühneuzeitlicher Städte fehlten solche Abdichtungen. Da die Gruben sich nicht nur in der Nähe von Brunnen befanden, sondern in der Regel auch so tief waren, dass sie bis in die Zone reichten, in der sich das Grundwasser befand, war dessen Verunreinigung vielfach vorprogrammiert.

Die Tiefe der Gruben hing auch damit zusammen, dass diese vollständig unter der Erde sein mussten, um Geruchsbelästigung möglichst zu vermeiden. Aus dem gleichen Grund durften sie nur im Winter geleert werden. Das war in kleinen Städten häufig ebenfalls Privatangelegenheit – weshalb es nach archäologischen Befunden manchmal gar nicht geschah. In größeren Metropolen gab es für diese Aufgabe ein spezielles Gewerbe. In Köln waren das die »mundatores latrinae«, die Latrinenreiniger. Angesichts der Masse des Unrats, den Kölns viele Einwohner produzierten, erschien es hier als zu aufwendig, ihn als Dünger auf die Felder der umliegenden Bauern zu verteilen, wie es in kleineren Städten praktiziert wurde. Der Dreck wurde stattdessen einfach in den Rhein gekippt. Einzelne reiche Bürger, die es sich leisten konnten, errichteten seit dem 14. Jahrhundert Abfallleitungen, um Fäkalien und Müll aus ihrem Haushalt direkt in den Fluss zu entsorgen.

Das Gleiche geschah mit Gewerbeabfällen. Säuren, Beizen, Farbreste aus Metall verarbeitenden Betrieben, Färbereien und Gerbereien wurden einfach in den Fluss eingeleitet. Auch Tierabfälle aus den Kölner Schlachtereien landeten im Rhein. Um die Bürger zu schützen, wurden Schlachthöfe und abfallträchtige Gewerbe stromabwärts von der Stadt konzentriert. Der Fluss trug die Abfälle weiter Richtung Düsseldorf. Dessen Einwohner hatten manchmal das Glück, dass der Unrat auf den Rheinboden absank und dort langsam zersetzt wurde. Oder er war nach einigen Kilometern im Flusswasser so verdünnt, dass er nicht mehr allzu übel stank.

Nicht nur menschliche Abfälle, auch tierischer Mist belastete die städtische Umwelt. Die als Last- und Zugtiere unverzichtbaren Pferde trugen ebenso dazu bei wie die Schweine, die bis zum 19. Jahrhundert von vielen Städtern gehalten wurden. Weil die Anwohner die Straßen selten von Tiermist reinigten, bezahlte der Kölner Stadtrat Mitte des 15. Jahrhunderts Bauern dafür, dass diese den Kot auf den Straßen abtransportierten. Dennoch ließ sich das Problem nicht in den Griff bekommen. Am Ende des 17. Jahrhunderts wurde im Kölner Rat geklagt: »Die Straßen seien mit Kot und Mist angefüllt, auch dieselben widerwilligs mit Umgehung dieserhalb erlassenen Verordnung nicht gesäubert werden.« Noch im späten 18. Jahrhundert berichtete ein französischer Besucher: »In vielen Straßen liegt zu beiden Seiten der Mist vor den Häusern [...] Köln ist in jedem Betracht die abscheulichste Stadt von Deutschland.« Wohlhabendere Kölner hielten sich gegen den Gestank auf den Straßen Tücher vors Gesicht, die in Kölnisch Wasser getaucht worden waren. Anderswo roch es jedoch kaum besser. In Münster etwa registrierte ein Abgesandter des Papstes 1644: »Dicker Schmutz liegt meist an den beiden Seiten der Straßen, ja, oft sieht man sogar dampfende Haufen von Mist. Unter gemeinsamem Dach wohnen Bürger und trächtige Kühe, und mit dem stinkenden Bock auch noch die borstige Sau.«

Während der Gestank in Mittelalter und Früher Neuzeit ein Dauerthema in den Städten war, galt das für die Verunreinigung des Trinkwassers durch Latrinen, Abfallgruben und Müllentsorgung in Fließgewässer deutlich weniger. Und das, obwohl es sich bei der Verunreinigung des Wassers aus heutiger hygienischer Sicht um das größere gesundheitliche Problem handelte. Krankheiten, die durch solche selbst verursachten Umweltschäden hervorgerufen wurden, gehörten zum Alltag städtischen Lebens in der Vormoderne. Bis ins 19. Jahrhundert war das Leben in Städten deshalb deutlich ungesunder, die durchschnittliche Lebenserwartung signifikant geringer als auf dem Land.

Das hing teilweise mit der beengten Lebensweise in den Städten zusammen. Teilweise war es auch Schlamperei und Gleichgültigkeit, von Privatleuten wie städtischen Amtsträgern, gegenüber den durchaus vorhandenen Vorschriften geschuldet. Doch weder das eine noch das andere scheint der ausschlaggebende Grund gewesen zu sein. Der dürfte vielmehr in einer weitgehenden Unkenntnis der Zusammenhänge zwischen Schädigungen der natürlichen Ressource Wasser und der menschlichen Gesundheit gelegen haben. Bis ins 19. Jahrhundert dominierte unter Medizinern weithin die Ansicht, dass Krankheiten vor allem durch die Luft übertragen würden. Vor dem Hintergrund dieser Miasmen-Theorie wurde der Gestank durch Tiermist in den Straßen für wesentlich gefährlicher gehalten als die Nähe von Brunnen und Latrinen oder die Entsorgung von Abfällen aller Art in fließende Gewässer.

Erst recht war den Menschen der Vormoderne das Denken in Kategorien ökologischer Nachhaltigkeit fremd. Dem stand schon entgegen, dass sie die Natur immer wieder als eine ihnen feindliche Macht erlebten. Hungersnöten durch Ernteausfälle infolge von Unwettern, Überschwemmungen, Seuchen und anderen Naturkatastrophen fühlten sie sich hilflos ausgeliefert. Angesichts dieser als einseitig wahrgenommenen Abhängigkeit von einer übermächtigen Natur lag die Einsicht noch ausgesprochen fern, dass Rücksichtnahme auf die natürliche Umgebung im eigenen Interesse sein könne.

In der religiös geprägten Welt des Mittelalters hätte dazu zwar Respekt vor der göttlichen Schöpfung eine Grundlage sein können. Offenbar geschah aber, als im Hochmittelalter das Christentum die Gesellschaft bis in die Tiefe prägte, eher das Gegenteil: Die Wahrnehmung des Göttlichen in der Natur wurde durch eine Theologie verdrängt, die den alttestamentarischen Auftrag an die Menschen hervorhob, sich »die Erde untertan« zu machen.

Im Übergang zur Neuzeit verstärkte sich die Tendenz dazu unter dem Einfluss von Reformation und Humanismus eher noch.

Das geschah, obwohl die Umweltbelastung durch Gewerbe im 15. und 16. Jahrhundert neue Höhen erreichte. Der Anstieg der Belastung war vor allem die Folge einer außerordentlichen Konjunktur des Bergbaus und der Metallverarbeitung. Diese fiel in Rheinland und Westfalen, wo es außerhalb des Siegerlandes keine nennenswerten Edelmetallvorkommen gab, geringer aus als am Alpenrand, im Erzgebirge oder im Harz. Allerdings gewann der Stein- und Braunkohletagebau seit dem 15. Jahrhundert hier an Bedeutung. Bereits ein Jahrhundert später wurden an der Ruhr die ersten unterirdischen Stollen in Steinkohlenflöze getrieben.

Beim Schmelzen von Eisen und Kupfer, ob schon mit Kohle oder noch nach traditioneller Methode mit Holz betrieben, fielen giftige Substanzen wie Blei, Arsen, Kadmium und Schwefeldioxid als Abfallprodukte an. Die Vergiftung von Gewässern und die Verunreinigung der Luft durch Emissionen der Bergwerke und Metallhütten sowie das Sterben von Fischen und Zuchttieren in deren Nähe lösten ab Mitte des 15. Jahrhunderts beträchtliche Proteste der Anwohner aus. Am Ende des Jahrhunderts thematisierte der Humanist Paul Schneevogel die Konflikte in einer allegorischen Geschichte mit dem Titel »Das Gericht der Götter«. In einer fiktiven Gerichtsverhandlung lässt er darin die verletzte Mutter Erde einen Bergmann verklagen, sie geschändet zu haben. Doch der Bergmann verteidigt sich mit dem Argument, der Mensch brauche nun einmal Metall, um eine Zivilisation aufzubauen. Die Götter entscheiden schließlich, es sei die Bestimmung der Menschen, dass sie die Berge auf der Suche nach Schätzen durchwühlen – auch wenn sie dabei ihren Tod finden würden.

Dass die rücksichtslose Ausbeutung von natürlichen Ressourcen durch die Menschen seit dem Beginn des Hochmittelalters eine neue Qualität und Quantität erreichte, zeigt vor allem das Beispiel Wald. Holz war die wichtigste Energieressource der

Vormoderne – ob in Metall verarbeitenden und anderen Gewerben, als Baustoff oder zum Heizen. Der steile Bevölkerungsanstieg und die rasante wirtschaftliche Entwicklung setzten den Wäldern so stark zu wie nie zuvor.

Um das Jahr 900 war etwa ebenso viel des nordrhein-westfälischen Gebiets von Wald bedeckt wie einmal schon zu Christi Geburt, nämlich drei Viertel. Innerhalb der folgenden vier Jahrhunderte fiel der größere Teil dieses Waldes der Axt zum Opfer. Um 1300 war nur mehr noch ein knappes Drittel der Region bewaldet. Lediglich auf den Höhen des Sauerlandes hätte man damals noch einen ganzen Tag lang unter Bäumen wandern können, ohne auf Spuren menschlicher Aktivität zu stoßen. Selbst in der Eifel wurden die Wälder jetzt von landwirtschaftlichen Nutzflächen zerrissen. Niemals zuvor hatte es auf dem Gebiet des heutigen Nordrhein-Westfalen ein solches Waldsterben gegeben. Und bis heute hat sich etwas Vergleichbares nicht mehr ereignet: Alle Schwankungen im Verhältnis zwischen bewaldeter und landwirtschaftlich genutzter Fläche, die es nach 1300 gegeben hat, blieben im Vergleich zu der gewaltigen Entwaldung während des Hochmittelalters nur geringfügig.

Manche Historiker sprechen mit Blick auf das Verhältnis von Mensch und Natur in Mitteleuropa um das Jahr 1300 von der ersten Umweltkrise der Geschichte. Zum ersten Mal sei der Mensch damals an die Grenzen natürlicher Ressourcen gestoßen. Neben Preissteigerungen für Güter des lebensnotwendigen Bedarfs wie Brot und sich häufenden Hungersnöten weisen diese Historiker auf Anzeichen einer Erschöpfung der Wälder hin. Seit etwa 1300 erließen mehr und mehr Städte Satzungen zum Schutz des Waldes vor ihren Mauern. Im 14. Jahrhundert begannen auch gezielte Aufforstungen.

Archäologische Untersuchungen der Aschereste von Holzkohlemeilern deuten sogar an, dass sich schon früher Probleme abzeichneten: Der Radius, aus dem das in den Meilern verwendete Holz stammte, vergrößerte sich während des Hochmittelalters immer weiter. Die Betreiber der Meiler griffen außerdem vermehrt auf Nadelholz zurück, das einen niedrigeren Brennwert hat.

Auch Städte begannen im 14. Jahrhundert, ihren Holzbedarf aus weiter entfernten Gegenden zu decken. Köln bediente sich dabei in den Wäldern des südlichen Westfalen. In kleinerem Ausmaß importierte die Domstadt auch Holz aus dem Schwarzwald. Gegen Ende des Mittelalters bemühten die Kölner sich, Holztransporte stapelpflichtig zu machen: Statt weiter rheinabwärts in die Niederlande geflößt oder verschifft zu werden, mussten sie am Kölner Rheinufer zum Verkauf angeboten werden und damit für den eigenen städtischen Bedarf verfügbar sein.

Freilich ist das nur für Köln bekannt. Anderswo in der Region scheint Holzmangel nicht so drückend gewesen zu sein, dass man zu solchen Zwangsmaßnahmen greifen musste. Auch städtische Waldschutzsatzungen und Aufforstungsaktionen gab es vor allem in Süd- und Mitteldeutschland. Dort konzentrierten sich die Meiler zur Produktion von Holzkohle für Erzbergwerke, die in wachsendem Radius die Waldbestände vernichteten.

Im Rheinland und in Westfalen waren solche Bergwerke dünner gesät. Die regionale Metallverarbeitung nutzte außerdem seit dem 15. Jahrhundert schon Stein- oder Braunkohle statt Holz. Insbesondere Westfalen führte Holz sogar in beträchtlichem Umfang aus. Aus dem Sauerland wurde nicht nur Köln damit versorgt. Selbst die Holzschuhe für die Bevölkerung der waldarmen Teile der Niederlande kamen im späten Mittelalter aus dem südlichen Westfalen.

Einige Historiker halten die These einer ersten umfassenden Umweltkrise um 1300 daher für überzogen. Für die Region des späteren Nordrhein-Westfalen als Ganzes gibt es dafür jedenfalls kaum Anzeichen. Kapazitätsgrenzen natürlicher Ressourcen sind hier am Beginn des Spätmittelalters allenfalls punktuell und lokal erreicht worden. Zudem kehrte in der Mitte des 14. Jahrhunderts die Pest zurück. Wie schon im 6. Jahrhundert fiel der Seuche ein Großteil der Bevölkerung zum Opfer. Die massive Abnahme der Bevölkerung reduzierte auch den von den Menschen auf natürliche Ressourcen ausgeübten Druck.

Erst im 16. Jahrhundert dürfte die Bevölkerungszahl im Rheinland und in Westfalen wieder den Stand vor der Epidemie erreicht haben. Gleichzeitig erlebte das Metall verarbeitende Gewerbe den schon erwähnten Aufschwung und verstärkte damit die Umweltbelastung. Die Verwüstungen des Dreißigjährigen Krieges bedeuteten dann jedoch erneut einen Dämpfer für die Entwicklung von Wirtschaft wie Bevölkerung. Zwar waren die Auswirkungen des Krieges in anderen Regionen Deutschlands weitaus schlimmer. Das südliche linke Rheinufer bis zu dem von direkten Kriegshandlungen verschont bleibenden Köln, die nördlichen, dichter besiedelten Teile Westfalens und Lippe wurden aber beträchtlich in Mitleidenschaft gezogen. Wie in Köln nahm die Einwohnerzahl der meisten Städte in der Region zwischen dem späten Mittelalter und dem 18. Jahrhundert insgesamt nur wenig zu.

### »Holznot«

»Man sollte sehen und weinen!« Mit diesem Klageruf begann 1836 Johann Nepomuk Hubert von Schwerz in einer »Beschreibung der Landwirthschaft in Westfalen und Rheinpreußen« den Abschnitt, in dem es um die Eifel ging. Vor allem der Wald dort sei in einem traurigen Zustand, ja vielfach gar nicht mehr vorhanden: »Ein Land, wie die Eifel, wo es nicht an Raum fehlt, wo der Boden zum Theil keinen Werth für die übrige Cultur hat, weil es an Dung und Dungmaterial fehlt, da heben die Berge von allen Seiten ihre nackten Schädel, welche kein Gesträuch deckt, und wo kein Vöglein ein Schattenplätzchen zu seinem Neste findet. Daher wüthet der kalte Nord, der scharfe Nordostwind, daher ist das Regenwasser, welches den Gipfeln entströmt, nur mager und bringt den Thälern kein Heil. Würde man auch nur so viel überschüssiges Holz haben, daß man es bloß der Asche wegen verbrennen müßte, so würde ein solches schon eine große Wohltat für den Ackerbau seyn; allein weit entfernt von einem solchen Ueberflusse, hat der Eifler an den meisten Orten selbst den nöthigen Brennstoff nicht mehr und muß ihn kaufen.«

Im frühen 19. Jahrhundert waren solche Diagnosen einer ökologischen Katastrophe, die ihre Ursache in der Vernichtung des Waldes habe, gang und gäbe. In der Eifel, meinte Agrarwissenschaftler von Schwerz, werde es sogar noch schlimmer kommen: »Und wie dann, wenn in wenig Jahren kein Holz mehr zu kaufen seyn wird? Diesem traurigen Zeitpunkte eilen wir mit Riesenschritten entgegen.« Weiter nördlich sehe es zwar noch etwas besser aus. Aber auch hier, etwa in der Gegend um Jülich, zeichne sich bereits ein Mangel ab: »Ob es gleich diesem Lande nicht an Waldungen und Forsten gebricht, so fehlt es ihnen doch einigermaßen an Holz, woran die vergangenen Kriegszüge und forstwirthschaftliche Misshandlungen, auch in einigen Gegenden die schlechten Wege, schuld sind [...] Man hätte in manchen Holzungen nöthig, die Bäume mit einer Laterne aufzusuchen.«

Ursachen der Misere wurden von den Zeitgenossen viele genannt. Von Schwerz machte nicht nur Kriege, schlechte Infrastruktur und Kahlschlagpolitik der Förster verantwortlich: »Hierzu kommen dann noch die gewaltigen Holzschläge, zu welchen die Noth die Dorfschaften beim Tragen der Lasten und Tilgung übermäßiger Schulden gedrungen hat. Es kommt hierzu die Unbestimmtheit des Eigentums«, denn »seit dem Einbruche der Franzosen« sei nicht mehr klar, ob der Wald dem Staat, den Gemeinden oder allen gehöre. Überhaupt trage die Herrschaft der Franzosen, die bald nach der Revolution von 1789 das Land links des Rheins erobert und bis 1814 regiert hatten, wesentliche Schuld am traurigen Zustand der Wälder dort. Mit bitterer Ironie formulierte von Schwerz: »Was die Axt der Revolution verschont hatte, fiel unter dem Beile der französischen Verschönerung, das alles Krumme und jeden Ausschlag von der Erde tilgte, der nicht seines schlanken Wuchses wegen das Glück hatte zu gefallen. Nach diesen Principien wurden die Waldungen, wie so manches andere, aufgeklärt. Die Sonne scheint nun freilich durch, die Winde streichen ungehindert, fegen die Stube und führen den Blätterunrath, welcher sonst dem Holze zum Dunge diente, in unbrauchbare Höhlen und öde Schluchten.«

Dass vor allem französische »Misswirtschaft« während der Revolutionsjahre und unter Napoleon die rheinischen Wälder ruiniert habe, wurde von deutschen Autoren im 19. Jahrhundert unter dem Einfluss des Nationalismus zunehmend selbstverständlich. Als der deutschnationale Historiker Heinrich von Treitschke gegen Ende des Jahrhunderts den Zustand der Wälder beschrieb, den die neuen preußischen Herren dort 1815 vorgefunden hatten, war für ihn die Sache erst recht klar – nur die Franzosen waren schuld: »Eine nahezu hoffnungslose Aufgabe erwuchs der neuen Regierung aus jener greulichen Waldverwüstung, welche der waldfrohe Germane den Welschen unter allen ihren Sünden am wenigsten verzieh. Der bergische Bauer ballte die Faust, wenn ihm einer von dem alten Stolze des Landes, dem Königsforst und dem Frankenforst sprach. Von allen hundertjährigen Eichen und Buchen stand keine einzige mehr; und was die Entwaldung der rauhen Höhen des Hunsrücks und der Eifel für das Klima und den Bodenbau bedeuteten, das lernte man jetzt erst mit Schrecken kennen, wenn plötzlich nach einem Gewitter die Gießbäche vom Gebirg ins Moseltal hinunterstürzten und in wenigen Augenblicken die Fruchterde hinwegschwemmten, welche der arme Winzer in monatelanger Arbeit die Schieferfelsen hinaufgetragen.«

Im nationalistischen Überschwang übersah Treitschke dabei, dass bereits vor der Zeit der französischen Herrschaft in der Region über »Waldverwüstung« geklagt worden war. Der Kölner Erzbischof und Kurfürst hatte schon 1785 über den »immer mehr zunehmenden Holzmangel« lamentiert. Auf der anderen Rheinseite beklagten die westfälischen Landstände im selben Jahr ebenfalls »von Holzungen entblößte Gebirge«. Aus Erwitte zum Beispiel hieß es, »die hier im Lande allgemein herrschende üble Holzwirthschaft« habe dazu geführt, dass die Einwohner von außerhalb »ihr Holz kaufen« müssten und sogar schon »das Stroh zum Heizen brauchen«. Der Kurfürst erließ deshalb 1786 eine Verordnung, mit der die im Rheinland wie in Westfalen vorhandene »Holznot« bekämpft werden sollte, indem genau festgelegt wurde, wer zu welchem Zweck im Wald Holz schlagen durfte.

Tatsächlich waren die Ansprüche an die Ressource Wald riesig, die Interessenten zahllos. Im Alltagsleben wie in der Wirtschaft war bis ins 19. Jahrhundert hinein Holz unverzichtbar. Landwirte, Städter und Herrschaften hatten alle elementare Interessen an einer Ausbeutung der Wälder. Alle Haushalte heizten mit Holz. Über Holzfeuer wurde gekocht und gebraten, Fleisch und Fisch geräuchert, im Holzofen Brot gebacken. Holzfeuer brauchte man zum Bierbrauen und zum Brennen von Tongefäßen. Um das lebensnotwendige Salz durch Erhitzen aus Sole zu gewinnen, hackte man im Umfeld von Salinen weiträumig die Wälder ab. Eine der ersten Salzsiedereien Europas ist schon für das 6. Jahrhundert im heutigen Kreis Soest nachweisbar. Später folgten auf dem Gebiet Nordrhein-Westfalens Siedereien in Rheine, Gütersloh, Bad Oeynhausen, Bad Sassendorf, Unna, Bad Salzuflen und Salzkotten bei Paderborn.

Kaum ein Gewerbe kam ohne Holz aus. Neben Brauern, Bäckern und Salzsiedern brauchten auch Schmiede es als Brennstoff. Seiler und Gerber verarbeiteten Baumrinden. Das Harz von Nadelbäumen diente als Klebstoff und universales Schmiermittel. Der sprichwörtliche Leisten des Schuhmachers war aus Holz, und häufig auch die Schuhe selbst. Holz war der Rohstoff des Fassmachers, ohne dessen Produkt die Ausweitung des Handels seit dem Spätmittelalter undenkbar gewesen wäre: Bier, Wein, Fisch und vieles mehr wurde in Holzfässern transportiert. Die Verkehrsmittel, auf denen transportiert wurde – Schiffe, Ochsenkarren, Pferdekutschen –, waren aus Holz gemacht.

Häuser wurden im Rheinland und in Westfalen oft noch bis ins 20. Jahrhundert hinein aus Holz gebaut. Selbst wo man zu Stein als Baustoff übergegangen war, blieben Zwischendecken, Türen und Fensterrahmen, Böden und Treppen meist aus Holz, und ein hölzerner Dachstuhl krönte die Bauten. Baugerüste waren aus Holz. Die Fundamente größerer Gebäude, etwa von Kirchen, bestanden jahrhundertelang aus massiven Eichenstämmen. Holz war der einzige Werkstoff zur Herstellung von Möbeln; in wohlhabenderen Haushalten wurde es auch zur Vertäfelung von Wänden und Decken verwendet.

Um Fenster für Häuser zu machen, braucht es Glas, und Glashütten verbrauchten in der Vormoderne Unmengen von Holzkohle. Auch Metallhütten gehörten zu den »holzfressenden« Gewerben, in deren Umfeld Wälder großflächig gerodet wurden. Aus verkohltem Holz konnte Pottasche gewonnen werden, auf die Färber, Seifenmacher und wiederum Glaser angewiesen waren.

Das Rückgrat der vormodernen Wirtschaft war der Agrarsektor. Hier waren die meisten Menschen beschäftigt. Landwirte rodeten nicht nur den Wald, um Flächen für Äcker und Weiden zu gewinnen. Wie Städter und Gewerbetreibende bedienten sie sich in ihm nicht allein, wenn sie Brennstoff oder Baumaterial brauchten. In der warmen Jahreszeit ließen sie ihr Vieh auch im Wald weiden: Schweine, Ziegen, Rinder und Schafe fraßen das frische Grün. Im Herbst sammelten die Bauern das Laub, um es als Streu im Stall und als Futter zu verwenden. Auch Eicheln, Bucheckern und Kastanien wurden gesammelt, um das Vieh damit zu mästen.

Zwischen Landwirten und adeligen Herrschaften, aber auch anderen privaten wie gewerblichen Waldnutzern kam es oft zu Auseinandersetzungen. Wo die Landwirte exzessive Waldweide praktizierten, fraß das Vieh den Wildtieren die Nahrung weg. Dann konnte der Adel seiner Jagdleidenschaft nicht frönen, weil es nichts mehr zu jagen gab. Die Ansprüche aus der Bevölkerung, den Wald als Reservoir für Bau- und Brennmaterial zu nutzen, kollidierten ebenfalls mit den Interessen der Herrschaften. Adel und Fürsten beanspruchten ausschließliche Nutzungsrechte im Wald, denn mit Holzverkauf und Holzhandel ließ sich viel Geld verdienen.

Zudem begünstigten Adel und Fürsten bestimmte Gewerbe, die sie für die wirtschaftliche Entwicklung ihrer Ländereien für bedeutender hielten oder an denen sie selbst Anteile hatten, gegenüber anderen Holzverbrauchern. So wurde oft Ziegelhütten oder Töpfereien die Verwendung von Holzkohle als Brennstoff untersagt, um diese für Metall verarbeitende Betriebe zu reservieren. Auch die militärische Bedeutung des Metall verarbeitenden Gewerbes spielte dabei eine Rolle. In Lippe schränkten die Fürsten den Betrieb von notorisch »holzfressenden« Glashütten mit der Begründung ein, »daß dem Hauptkommerz in einem Lande andere minderwichtige, demselben aber nachtheilige Handlungszweige und Fabriken weichen müssen«.

Die Kölner Kurfürsten verboten seit dem 17. Jahrhundert den Export von Holzkohle aus ihrem Herrschaftsgebiet, weil sie Engpässe bei der Versorgung der Eisenhütten fürchteten. Andere Interessenten bestritten den Fürsten jedoch offen oder verdeckt die Kompetenz, das zu tun. Adlige, die den Besitz am Wald für sich beanspruchten, unterliefen die Anordnungen der Kurfürsten offenbar immer wieder. Jedenfalls mussten die Verbote bis zur Auflösung des Kurfürstentums Anfang des 19. Jahrhunderts mehrfach wiederholt werden.

Hat die Vielfalt der Interessenten, die alle auf die Universalressource Wald zugriffen, im späten 18. und frühen 19. Jahrhundert zu dessen Erschöpfung geführt? Nahmen die Zugriffe auf den Wald schließlich dermaßen überhand, dass damals tatsächlich eine »Holznot« bestand? Zuverlässige statistische Angaben über die Veränderung der Waldflächen in Rheinland und Westfalen gibt es für das 18. und frühe 19. Jahrhundert nicht. Für ganz Deutschland in den heutigen Grenzen gehen Schätzungen davon aus, dass der Anteil der von Wald bedeckten Gebiete sich seit dem Spätmittelalter nur noch wenig verändert hat. Zu Beginn der Neuzeit lag er demnach bei 34, im frühen 17. Jahrhundert bei 30 Prozent. Unmittelbar nach dem Dreißigjährigen Krieg stieg er wohl etwas an, um danach erneut leicht zu fallen. In den 1780er-Jahren lag der Anteil wieder bei 30 Prozent und hat sich bis zur Mitte des 19. Jahrhunderts noch etwas weiter verringert.

Über die Dichte der Wälder und die Qualität des in ihnen wachsenden Holzes ist damit freilich nichts gesagt. Zudem waren die Ansprüche an die Ressource Wald und den Rohstoff Holz je nach Verwendung ganz verschieden. Dennoch ertönte immer wieder die pauschale Warnung, »der Wald« sei in Gefahr zu verschwinden. Und diese Warnung gab es tatsächlich nicht erst im späten 18. und Anfang des 19. Jahrhunderts. Seit Stadträte im Spätmittelalter zum ersten Mal Waldschutzsatzungen verabschiedeten und Baumpflanzaktionen begannen, rissen die Warnrufe vor einer drohenden »Holznot« nicht mehr ab.

Im Kurfürstentum Köln etwa war schon 1590 eine Waldordnung erlassen worden, in der es hieß, dass »nun etliche Jahr hero vile unordnung und Mangel auf dem hohen Gehöltz« herrsche: Es sei »der Waldt dermassen beschädigt und verwüstet, daß wofern demselbigen länger zugesehen werden solte, in die längde an Holtz Mangel erscheinen würde«. Ein Dreivierteljahrhundert darauf, im Jahr 1666, wiederholte die kurfürstliche Verwaltung diese Ordnung Wort für Wort. Noch einmal ein Menschenleben später hieß es dann 1741, man habe »mißfälligst wahr genohmen«, dass »viele Waldungen gäntzlich ausgerottet« seien. Und in der schon erwähnten Verordnung von 1786 wurde der »an vielen Orten schon vorhandene Holzmangel« einmal mehr zum Anlass für Ermahnungen und Verbote.

Es ist auffallend, dass Jahrhunderte hindurch immer wieder über denselben Missstand lamentiert wurde, und zwar in immer gleichem Ton, wenn nicht sogar mit identischen Worten. Eine »Holznot« wurde dabei nicht nur für die Gegenwart, sondern gelegentlich auch in einem Atemzug sowohl für Vergangenheit wie Zukunft festgestellt. Und alle Klagen, alle Erlasse und Verbote zeigten offenbar keinerlei Wirkung. Nachdem das Rheinland 1815 an Preußen angeschlossen worden war, spießte ein nachdenklicher Beamter im preußischen Oberpräsidium der Provinz diesen Befund mit den Worten auf: »So viel auch über den Werth und die Pflege, über den Schutz und die Verjüngung der Wälder geschrieben und gelehrt worden ist, so hat doch die Waldmasse ungefähr in dem gleichen Maaße abgenommen, als die Masse der über das Forstwesen sich verbreitenden Schriften angewachsen ist.«

Daraus konnte man entweder schließen, dass ein chronischer Holzmangel vorlag, der strukturelle Ursachen hatte. Oder man konnte auf den Gedanken kommen, dass es tatsächlich gar keine »Holznot« gab – dass diese vielmehr immer wieder aufs Neue herbeigeredet wurde, weil das im Interesse bestimmter Gruppen lag. Einzelne Zeitgenossen deuteten das jedenfalls schon an, wenn sie meinten, die obrigkeitlichen Waldordnungen und zahlreichen Ratgeber zum sparsamen Umgang mit Holz seien das Papier nicht wert, auf dem sie gedruckt wurden. So empfahl ein dichtender süddeutscher Förster mit augenzwinkerndem Spott, diese immerhin auf Holzbasis hergestellten Schriften einer anderen Verwendung zuzuführen, um zu einer Lösung des vermeintlichen Problems beizutragen:

»Mag in den Forsten allen
das Holz auch selten sein
man heize mit den Ballen
Holzsparungsschriften ein.«

War die Krise lediglich ein Phantom, das von den Regierenden und Oberschichten beschworen wurde, um Bauern und »kleine Leute« aus dem Wald zu verdrängen und dessen Ressourcen allein ausbeuten zu können? Ja und nein. *Einerseits* ist die Thematisierung einer »Holznot« durchaus instrumentalisiert worden, um den Zugriff auf die Waldressourcen einzuschränken und nur Privilegierten vorzubehalten. Das fiel 1801 schon einem zeitgenössischen Beobachter von Auseinandersetzungen zwischen mehreren Besitzern Metall verarbeitender Betriebe im Bergischen Land auf. Während die alteingesessenen Gewerbetreibenden von der Obrigkeit bereits das Privileg erhalten hatten, sich mit Holz aus den Staatswäldern zu versorgen, wurde einem Neuling das zunächst verweigert. Die »Privilegirten« begründeten das damit, es sei »Holzmangel vorhanden«. Der Neuling dagegen argumentierte, »daß Holz im Überfluß da sey«. Kaum aber hatte die

Obrigkeit ihm dann ebenfalls die Genehmigung erteilt, auf den Staatswald zuzugreifen, da sang »er das allgemeine Klagelied über Holzmangel melodisch mit.«

Ging es den Wirtschaftsinteressenten um materielle Vorteile, standen für die Obrigkeiten der Territorialstaaten auch politische Machtfragen auf dem Spiel. Florierende Gewerbe verhießen mehr Steuereinnahmen und diese wiederum mehr Spielraum in Innen- wie Außenpolitik. Die Ressource Wald ausschließlich und letztlich erfolgreich für die Obrigkeit zu reklamieren, markierte außerdem einen wesentlichen Schritt bei der Durchsetzung des staatlichen Machtmonopols.

Ein wichtiges Instrument, mit dem dieser staatsmonopolistische Anspruch auf den Wald durchgesetzt wurde, war das Prinzip der Nachhaltigkeit. Im 18. Jahrhundert wurde es von Wissenschaftlern und Forstbeamten in Staatsdiensten formuliert: In einem Gemeinwesen sollte nicht mehr Holz aus dem Wald genommen werden, als im gleichen Zeitraum nachwachsen konnte, damit die Versorgung auch zukünftiger Generationen sichergestellt blieb. In Ansätzen war dieses Prinzip auf lokaler Ebene schon seit dem späten Mittelalter praktiziert worden. Nun wurde es für ganze Herrschaftsgebiete verkündet und mit den gewachsenen Machtmitteln des frühmodernen Staates durchgesetzt.

Nachhaltiges Wirtschaften ist seitdem zum Kernbestand modernen ökologischen Denkens geworden. Nachhaltigkeit wird mittlerweile als eine Art »Wunderwaffe« gegen alle Umweltprobleme verstanden. Das soll hier gar nicht bestritten werden. Doch Ökologie ist nie unabhängig von Ökonomie. Ob heute bei der Bekämpfung globaler Erwärmung durch Reduzierung des Kohlendioxid-Ausstoßes, bei der nachhaltigen Lebensmittelversorgung einer expandierenden Weltbevölkerung oder gegen 1800 beim Zugang zu begrenzten Ressourcen des Waldes im Rheinland und in Westfalen: Immer geht es auch um Verteilungsfragen, um wirtschaftliche Interessen verschiedenster Gruppen und letzten Endes um die Frage, wer auf was verzichten soll. Nachhaltigkeit und Gerechtigkeit gehen dabei nicht notwendigerweise Hand in Hand. Die nachhaltige Lösung des Problems der Holzversorgung im 18. und 19. Jahrhundert illustriert das anschaulich.

Denn *andererseits* war die »Holznot« dieser Zeit nicht nur herbeigeredet. Sie war ein reales Umweltproblem – wenn auch eher eines im Entstehen. Seine aktuelle Relevanz war noch begrenzt und nicht so allumfassend, wie sie von interessierten Kreisen dargestellt wurde. Es gab aber tatsächlich einen Mangel an Holz, und er nahm zu. Die Ursachen dafür erkannte der nachdenkliche Beamte im preußischen Oberpräsidium der Rheinprovinz ganz richtig, als er 1839 feststellte: »Vornehmlich sehen wir in solchen Gegenden, die sich durch landwirthschaftliche Verbesserungen, durch rasches Aufblühen von Manufakturen und Fabriken, durch Zunahme der Bevölkerung auszeichnen, die Wälder selbst auf solchen Boden verschwinden, welcher keinen anderen Nutzen gewähren kann.«

Eine Erweiterung der Nahrungsbasis infolge von technischen Verbesserungen in der Landwirtschaft, eine deshalb immer schneller wachsende Bevölkerung und dynamische Entwicklung des Gewerbes, das schließlich in die industrielle Revolution einmündete – das waren die entscheidenden Faktoren für den Holzmangel. Die Nachfrage durch immer mehr Holzverbraucher stieg, das Angebot aber blieb gleich.

Die »Lösung« des Problems bestand darin, die weniger mächtigen und schlechter mit den Herrschenden verbandelten Verbraucher vom Markt zu verdrängen, und die Ware Wald nur noch den einflussreicheren Konsumenten vorzubehalten. Holzmangel war daher um 1800 kein allgemeines, sondern ein soziales Problem. Es litten darunter nur die Unterschichten in Stadt und Land: die Landarbeiter und Kleinbauern, denen es jetzt verwehrt wurde, ihr Vieh wie früher zur Weide in den Wald zu treiben und Laub oder Eicheln zu sammeln, und die einfachen Stadtbewohner, die vergebens auf ihr altes Recht pochten, im Wald Brennholz zu holen. Holzdiebstahl wurde deshalb zum Massendelikt. Unter allen preußischen Provinzen war diese Art von illegaler Selbsthilfe der »kleinen Leute« im Rheinland am häufigsten. Das kann auch darauf zurückgeführt werden, dass hier die gewerbliche Entwicklung besonders dynamisch verlief.

In der zweiten Hälfte des 19. Jahrhunderts ging die öffentliche Sorge um die Holzversorgung zurück. Dabei beschleunigte sich das Bevölkerungswachstum weiter, denn die Industrialisierung nahm nun volle Fahrt auf. Dennoch traten die düsteren Warnungen der »Holznot«-Propheten nicht ein. Die Nachfrage nach Holz stieg nicht weiter an, sodass die privilegierten Schichten das Gefühl des Mangels nicht kennenlernten. Im Gegenteil: Die Holzversorgung selbst der »kleinen Leute« verbesserte sich wieder, Selbsthilfe durch Holzdiebstahl verlor an Bedeutung.

Dazu trug die Umstellung auf nachhaltige Forstwirtschaft bei. Aber entscheidend war sie nicht. Langfristig führte sie sogar zu neuen Problemen in den Wäldern, auf die noch zurückzukommen sein wird. Eine Verschärfung der »Holznot« wurde vielmehr verhindert, weil Holz im Lauf des 19. Jahrhunderts seinen Platz als wichtigste Energieressource verlor. »Die Sorge für eine andere Art von Brennstoff hat die Natur selbst übernommen«, beruhigte sich der um den Zustand der Wälder im Rheinland und in Westfalen besorgte Johann Nepomuk Hubert von Schwerz 1839 selbst: »Es sind die unerschöpflichen Steinkohlenlager, welche in der Grafschaft Mark in Westfalen anfangen, sich in der Richtung von Nordost nach Südwest nach dem Rheine hinziehen und sich daselbst verlieren, dann bei Eschweiler in dem Herzogthum Jülich und weiter fort an der Maas wieder zum Vorschein kommen. Mit dieser Richtung kreuzt sich gewissermaßen eine andere von Braunkohlen, welche sich längst der Bergkette bei Bonn und bei Bergheim im Jülichschen zeigt«.

In einzelnen Metallgewerben an der Ruhr und den Salinen in Unna wurden Stein- und Braunkohle schon im 16. Jahrhundert statt Holz als Brennstoff eingesetzt. Ende des 17. Jahrhunderts galten die Kohlelager weitsichtigen Zeitgenossen bereits als »sylva subterranea« – ein »unterirdischer Wald«, der bald den über der Erde als Energielieferant ersetzen könne. Doch erst als die Ruhr in den 1770er-Jahren schiffbar gemacht wurde, erhöhte das die Marktchancen der Steinkohle beträchtlich. Um die Mitte des 19. Jahrhunderts registrierten die preußischen Behörden dann, dass auch Privathaushalte im nördlichen Rheinland und in Westfalen immer öfter Kohle zum Kochen und Heizen verwendeten. Gleichzeitig stellten die meisten Eisenhütten ihre Feuerung von Holz auf Steinkohle um. Der bis dahin stetig steigende Nachfragedruck auf die Holzvorräte ließ nach. Über der Erde breiteten die Wälder sich seit dem späten 19. Jahrhundert sogar wieder aus. Der »unterirdische Wald« übernahm dagegen jetzt mehr und mehr die Aufgabe, den explosiv wachsenden Energiehunger der entstehenden modernen Industriegesellschaft zu stillen.

# Die große Transformation

### Energie

Im 19. Jahrhundert vollzog sich auf dem Gebiet des heutigen Nordrhein-Westfalen eine fundamentale Transformation: die Industrialisierung. Das Gewerbe, Tausende von Jahren nur ein Anhängsel des dominanten Agrarsektors, wuchs in atemberaubendem Tempo. Am Ende des Jahrhunderts hatten die Rollen gewechselt: Die Landwirtschaft war nun das Anhängsel, das industrielle Gewerbe vorherrschend geworden. Es beschäftigte mehr Berufstätige und der Löwenanteil des Sozialprodukts wurde in ihm erwirtschaftet. Die Folgen dieser großen Transformation waren für das Verhältnis von Mensch und Natur mindestens so einschneidend wie die Folgen des Übergangs zur landwirtschaftlichen Lebensweise 6500 Jahre zuvor.

Die Industrialisierung wäre nicht möglich gewesen ohne einen Wandel des Energiesystems. In der traditionellen Agrargesellschaft war die zur Verfügung stehende Energie eng begrenzt. Landwirtschaft wurde im Wesentlichen mit Muskelkraft von Menschen und Tieren betrieben. Beim Mahlen von Korn konnten Wind- und Wassermühlen helfen. Aber das Säen, Düngen und Ernten musste von Menschen und ihren Zugtieren übernommen werden. Das Ausmaß der menschlichen und tierischen Energie, die dabei eingesetzt werden konnte, hing wiederum vom Ertrag der vorhergehenden Ernte ab. Der mögliche Energieeinsatz war letzten Endes davon abhängig, was die Sonne auf den Feldern wachsen ließ.

Im vorindustriellen Gewerbe verhielt es sich nicht grundsätzlich anders. Neben den Ernteerträgen spielte für das Gewerbe Holz eine zentrale Rolle, als Brennmaterial wie als Werkstoff. Auch Holz ist eine nachwachsende Ressource, deren Ertrag von der Sonneneinstrahlung abhängig ist. Weil die Wachstumsphasen im Wald länger sind als auf dem Feld, eröffnen sich dort zwar eher Möglichkeiten zum Raubbau. Durch den Kahlschlag eines Waldes steht kurzfristig die darin während eines Jahrhunderts gespeicherte Sonnenenergie zur Verfügung. Die dadurch ermöglichte Expansion eines Gewerbes stößt aber bald an ihre Grenzen, wenn diese Energiemenge aufgebraucht ist. Mittelfristig rächt sich dann der Raubbau: Denn es dauert lange, bis die Energiequelle Wald sich regeneriert hat.

Das Energiesystem der vorindustriellen Gesellschaft blieb so notgedrungen »nachhaltig« – wenn auch unbewusst. Die Menschen konnten auf Dauer nicht mehr Ressourcen verbrauchen, als die Sonne in überschaubaren Zeiträumen wachsen ließ. Mit dem Übergang zur Nutzung von fossilen Energien änderte sich das. Kohle, Erdöl und Erdgas sind letzten Endes natürlich ebenfalls solarbasierte Ressourcen. Durch ihre Erschließung konnten die Menschen allerdings ab dem 19. Jahrhundert auf gewaltige, über Jahrmillionen angesammelte Massen von Energie zurückgreifen. Auch wenn ihre Lagerstätten nicht unendlich sind, eröffneten sie doch für eine mehrere Menschenleben andauernde Epoche einen bisher nie dagewesenen Überfluss an Ressourcen.

Einige wenige Zahlen mögen das Ausmaß dieses Wandels veranschaulichen. Eine Tonne Steinkohle liefert etwa ebenso viel Energie wie die Menge von Holz, die jährlich in einem Hektar Wald wächst. Im Ruhrgebiet wurde 1840 knapp eine Million Tonnen Steinkohle gefördert. Das war zu diesem Zeitpunkt bereits etwas mehr als der jährliche Zuwachs an Holz in allen Wäldern auf dem Gebiet des heutigen Nordrhein-Westfalen. 1866 lieferten die Ruhrkohlenzechen aber schon zehnmal so viel Energie wie die Wälder der Region. 1912 war es dann weit über hundertmal so viel. Dazu kamen die beträchtlichen Erträge des Aachener Steinkohlen- und des rheinischen Braunkohlereviers. Hätte der Energiebedarf im nördlichen Rheinland und in Westfalen zu diesem Zeitpunkt fast ausschließlich mit Holz gedeckt werden sollen, wie es hundert Jahre zuvor der Fall gewesen war, dann wäre dafür ein Wald nötig gewesen, der mehr als fünfzigmal größer hätte sein müssen als die gesamte Region.

Die Nutzung fossiler Ressourcen seit der Industrialisierung vergrößerte aber nicht allein die Menge der zur Verfügung stehenden Energie gigantisch. Sie beschleunigte auch die Produktionsprozesse und damit die Produktivität des Gewerbes immens. Um etwa Roheisen zu Schmiedeeisen zu verarbeiten, brauchte man mit Holzkohle im 18. Jahrhundert drei Wochen. Seit den 1820er-Jahren wurde an Rhein und Ruhr das aus Großbritannien stammende Puddelverfahren übernommen, bei dem statt Holz Kohle als Brennstoff zum Einsatz kam. Die Verarbeitungszeit schrumpfte dadurch auf lediglich zweieinhalb Tage. Im späten 19. Jahrhundert, nachdem das Bessemer- das Puddelverfahren abgelöst hatte, betrug sie schließlich nur noch zwanzig Minuten.

Gewaltig erhöhte Energiemengen aus fossilen Quellen wurden zudem nicht allein im Gewerbe, sondern auch in der Landwirtschaft eingesetzt, um die Produktion zu steigern. Mit fossiler Energie angetriebene Maschinen ersetzten im Agrarsektor seit dem 19. Jahrhundert mehr und mehr die Muskelkraft von Menschen und Tieren. Mit Kohle betriebene Dampfdreschmaschinen traten an die Stelle von Landarbeitern mit Dreschflegeln.

Das Säen, Düngen und Ernten übernahmen ebenfalls zunehmend Maschinen. Traktoren eroberten die Felder und Melkmaschinen die Ställe.

Wie im Gewerbe stieg dadurch der Energieverbrauch auch in der industrialisierten Landwirtschaft steil an. Moderne Agrarbetriebe gehen mit Energie geradezu verschwenderisch um. Ihre Energiebilanz ist deutlich schlechter als die von Bauernhöfen vor der großen Transformation der Industrialisierung: Der Energieaufwand der Landwirtschaft im Gebiet des heutigen Nordrhein-Westfalen ist seitdem schneller gestiegen als ihr Ertrag. Allerdings ist der Ertrag in absoluten Zahlen pro Flächeneinheit heute auch um ein Vielfaches höher als im 18. Jahrhundert. Und ohne einen – freilich überproportional höheren – Energieverbrauch von Maschinen, für die Produktion von Kunstdünger und Pflanzenschutzmitteln, für Verarbeitung und Verteilung von Lebensmitteln wäre das nicht möglich.

Die Erhöhung der Lebensmittelproduktion erweiterte schließlich den Nahrungsspielraum für die Menschen. Der massive Einsatz fossiler Energien in der Landwirtschaft schuf damit die Grundlage für ein Bevölkerungswachstum, das sich im 19. Jahrhundert immer weiter beschleunigte. Köln, die größte Stadt in der Region, hatte seit dem späten Mittelalter konstant etwa 40 000 Einwohner gehabt. Mit Beginn des 19. Jahrhunderts setzte jedoch ein kontinuierliches Bevölkerungswachstum ein. 1885 wohnten 160 000 Menschen in der Domstadt. Beim Ausbruch des Ersten Weltkrieges waren es 640 000, also noch einmal fast eine halbe Million mehr – wobei freilich knapp die Hälfte des Zuwachses sich der Eingemeindung von Vororten verdankte. Als das Rheinland und Westfalen 1815 komplett zu Preußen kamen, zählten die beiden Provinzen zusammen nicht ganz drei Millionen Einwohner. Hundert Jahre später waren es mit nahezu zwölf Millionen viermal so viel.

Mehr Menschen bedeuteten mehr Umweltbelastung – zumal spätestens seit der Mitte des 19. Jahrhunderts nicht nur deren Zahl, sondern auch ihr Lebensstandard beträchtlich anstieg. Durch die Erhöhung der landwirtschaftlichen Produktivität gehörten Hungersnöte bald der Vergangenheit an. Nicht nur der Verbrauch von Lebensmitteln, auch der anderer Konsumgüter wuchs rasant. Städte breiteten sich aus, Wohnungen wurden größer, der Bedarf an Bau- und Heizmaterial nahm zu und damit auch der Abfall aller Art. Neben den Städten waren es die expandierenden industriellen Gewerbe, von denen in bisher ungekanntem Ausmaß Abwässer in Flüsse eingeleitet und Abgase in die Luft gepustet wurden – und die damit am meisten öffentliche Aufmerksamkeit auf sich zogen.

### Emissionen

Im Jahr 1817 begann in Aachen das Zeitalter der Dampfmaschine. In der Stadt gab es zahlreiche große und traditionsreiche Textilmanufakturen. Die Konkurrenz untereinander war groß. Da hatte der Tuchfabrikant Edmund Kelleter eine Idee: Statt wie üblich mit Wasserkraft wollte er die Webstühle seiner Fabrik mit einer der neuen kohlebefeuerten Dampfmaschinen aus England antreiben lassen.

Außerhalb des Bergbaus gab es so etwas an Rhein und Ruhr noch kaum. Die Aachener preußische Bezirksregierung, bei der Kelleter eine Erlaubnis zum Betrieb der Maschine beantragte, reagierte deshalb mit Vorsicht. Der Antrag des Fabrikanten musste in den Zeitungen veröffentlicht werden, jeder Bürger durfte dagegen Einspruch erheben. Viele taten das auch. Der Kohlerauch werde »die Luft verderben«, argumentierten einige. Andere hatten von schlimmen Unfällen in England gehört oder gelesen und befürchteten, die »Feuermaschine könne explodieren«. Manche argwöhnten, der Betrieb der Maschine werde nicht ohne Lärmbelästigung und Erschütterungen der Nachbarschaft möglich sein.

Der Antrag des Fabrikanten wurde dennoch von der Bezirksregierung genehmigt. Aber Kelleter musste, wie seine bald ähnliche Anträge stellenden Konkurrenten, Auflagen erfüllen, die vor allem die Sicherheit betrafen. Er musste die Dampfmaschine außerhalb der Fabrik aufstellen, »damit im möglichen Fall des Zerplatzens derselben die Gefahr, wenn nicht ganz beseitigt, doch bedeutend verringert wird.« 1828 kam es tatsächlich zu einer Dampfkesselexplosion, drei Arbeiter wurden dabei verletzt. Die Bezirksregierung verschärfte deshalb die Sicherheitsvorschriften. Die Unternehmer protestierten, unter diesen Bedingungen könnten sie gegenüber der ausländischen Konkurrenz nicht mehr mithalten. Sie beschwerten sich beim Ministerium in Berlin, und der Minister setzte die Vorschriften der Unterbehörde einstweilen außer Kraft.

Mittlerweile hatten die Aachener erste Erfahrungen mit den Abgasen der Dampfmaschinen gemacht. Vor allem der Kohlerauch erweckte Unmut – zumindest wenn die stark schwefelhaltige Fettkohle aus dem benachbarten Eschweiler Revier verfeuert wurde. Doch nicht die schädliche Wirkung der Emissionen auf die natürliche Umwelt war Stein des Anstoßes. Grund des Protests war neben dem Schwefelgestank vor allem Sorge um die Sauberkeit von Textilien: Denn der Rauch »verpestet nicht nur die ganze Nachbarschaft und incommodiert jedermann, sondern verdirbt auch alle in unseren Gärten und so weiter zu trocknende Leinwand.«

Zwanzig Jahre später, gegen Mitte des 19. Jahrhunderts, hatte man sich an die inzwischen allgegenwärtigen Dampfmaschinen offenbar gewöhnt. Deren Emissionen erschienen jetzt geradezu harmlos gegenüber denen der immer größer werdenden chemischen Fabriken und Montanbetriebe. Statt Sicherheitsbedürfnissen und Beschwerden über schmutzige Wäsche gerieten nun Umweltschäden an Menschen, aber auch an Tieren und Pflanzen in den Fokus.

Im Aachen benachbarten Stolberg wurden seit Jahrhunderten Metallerze aus lokalen Gruben in kleinen Handwerksbetrieben verarbeitet. Doch seit Mitte der 1830er-Jahre siedelten sich große Zink- und Bleihütten an. Bald gingen die meisten der Kleinbetriebe ein; ihre Beschäftigten wechselten zu den großen, schnell expandierenden Hüttenwerken. Deren Bedarf an Rohmaterial wurde zunehmend mit schwefelhaltigem Erz gedeckt. Bei der Metallverarbeitung bliesen sie deshalb Schwefeldioxid in die Luft. Schließlich lehnte der Stolberger Gemeinderat 1846 erstmals die Erweiterung eines der Werke ab, und zwar »wegen zu großer Nähe desselben an den Gärten und Wohnungen und der hieraus für die Gesundheit der Menschen und das Gedeihen der Vegetation zu befürchtenden Nachteile«.

1857 protestierten Gemeinderat und Bürger erneut: Feldfrüchte und Obstbäume wüchsen nicht mehr, selbst die Wälder im Umkreis der Zinkhütten verkümmerten. Die »Schädlichkeit der schwefligsauren Dämpfe« sei offensichtlich. Waldbesitzer und Bauern verklagten reihenweise die Inhaber der Fabriken auf Entschädigung. Die Kläger brachten Gutachten bei. Die Hüttenwerke versuchten, die Gutachten durch Gegengutachten zu entkräften – vergeblich: Ein ums andere Mal wurden die Schäden an der Vegetation von Gerichten bestätigt. Die Fabrikanten mussten beträchtliche Entschädigungssummen zahlen, aber ihre hohen Profite machten das möglich. Immer öfter einigten sie sich schon vorgerichtlich mit den klagenden Landwirten und kauften ihnen faktisch die in der Nähe ihrer Fabriken liegenden Grundstücke ab. Rund um die Hüttenwerke breiteten sich Zonen der Verwüstung aus.

Was in Stolberg geschah, war repräsentativ für die Mitte des 19. Jahrhunderts. Umweltschäden durch Abgasemissionen nahmen zu, vor allem im direkten Umfeld größerer Fabriken. Meist waren das Eisenhütten und andere Metall verarbeitende Betriebe – so im Aachener Raum, im Siegerland und im märkischen Sauerland. In Ostwestfalen und an der Ruhr verbreiteten einzelne Glashütten im Umkreis von ein oder zwei Kilometern ähnlich tote Zonen um sich herum. An der Ruhr verursachten Kokereien erste Probleme.

Die Belastungen durch Industrieabgase traten allerdings erst punktuell auf. Große Bereiche blieben von ihnen noch vollkommen verschont, besonders in der Eifel, am Niederrhein und im ländlichen Ostwestfalen. In mehr als der Hälfte der westfälischen Stadt- und Landkreise gab es um 1850 keine Dampfmaschinen. Dort kannten die Menschen auch keine Schwefeldioxid-Emissionen.

Wo es dagegen wegen Abgasen, Rauch oder Staub zu Protesten kam, bestritten die betroffenen Fabrikanten die Emissionen oder zumindest ihre Schädlichkeit. Wenn sie damit nicht durchkamen, machten sie die Kläger in der Regel durch Entschädigungen mundtot. Fabrikschließungen gab es nur sehr selten. Die preußische Gewerbeordnung von 1845, die für das Rheinland und Westfalen galt, sah zwar für die Erteilung der Betriebserlaubnis neuer Industrien die Möglichkeit von Auflagen vor. Überwacht wurde deren Einhaltung freilich allenfalls sporadisch. Und war die Betriebserlaubnis einmal erteilt, bestand kaum eine rechtliche Handhabe, sie wieder zu entziehen.

Geklagt wurde Mitte des 19. Jahrhunderts vor allem über die Schädigung von Vegetation. Die Kläger sorgten sich um Wälder, Weiden und Felder, meist landwirtschaftlich genutzte Flächen. Die Wirkung von Abgasen auf landwirtschaftliche Nutzpflanzen, gelegentlich auch auf Tiere, stand im Mittelpunkt der Proteste.

Das lag zum Teil daran, dass die Giftigkeit etwa von Kohlerauch und Schwefeldioxid auf Pflanzen und Tiere im Laborversuch direkt nachweisbar ist und auch schon nachgewiesen wurde. Eine gesundheitsschädliche Wirkung solcher Substanzen für Menschen ließ sich ebenfalls annehmen. Aber ein gerichtsfester Nachweis war schwerer zu führen.

Der einzige Grund war das aber wohl nicht. Abgesehen von den Landwirten, die sich um ihre Ackererträge und die Gesundheit ihrer Nutztiere Sorgen machten, waren die Hauptleidtragenden der Umweltschäden in der Umgebung von Fabriken deren Arbeiter. Die beklagten sich freilich kaum: Schließlich hing ihr Lebensunterhalt von der Existenz des Betriebes ab. Dass Kohlerauch und Industrieabgase ein Problem für die Gesundheit von Menschen waren, wurde erst dann stärker thematisiert, als solche Emissionen nicht mehr nur punktuell im Umfeld von einzelnen Fabriken auftraten, sondern sicht- und fühlbar die Luft über ganzen Städten verpesteten.

Das war seit den 1880er- und 1890er-Jahren an immer mehr Orten der Fall. Im Aachener Raum, im Siegerland, um Bielefeld und Minden, wiederholt im Rheintal und zunehmend besonders an der Ruhr berichteten Zeitgenossen von einer trüben Dunstschicht, die besonders im Winter über den Städten lag. Der Himmel war selbst bei Sonnenschein nicht mehr blau, sondern von einem fahlen Grau. 1891 erklärte ein Beamter der preußischen Verwaltung in Arnsberg: »In den dicht bevölkerten Theilen des Regierungsbezirks und namentlich in den Städten mit vielen industriellen Anlagen bildet der aus den Dampfkessel-Schloten austretende Rauch eine wahre Plage, die von Jahr zu Jahr empfindlicher wird.« Bei feuchtem Klima verfärbten die Wolken sich bräunlich, die Häuser verschwammen hinter einem gelbbraunen Schleier und man konnte den Schwefelgehalt der Abgase riechen.

Bei Feuchtigkeit löste das Wasser das Schwefeldioxid aus der Luft, es fiel schwefelsäurehaltiger Regen. 1876 wurde in Stolberg bei Aachen und in Essen der Schwefelgehalt im Niederschlag gemessen. Ein Liter Regenwasser enthielt sechs Milligramm Schwefelsäure. Wer dazu am Arbeitsplatz Kohlenstaub einatmen musste, hatte keine allzu lange Lebenserwartung. Bergarbeiter an der Ruhr gingen um 1880 durchschnittlich mit Ende vierzig als Invaliden in den Vorruhestand.

Ende der 1870er-Jahre verglichen Mediziner die Sterberaten durch Erkrankungen der Atmungsorgane in Städten und ländlichen Gemeinden des Rheinlands und Westfalens. Das Ergebnis, 1882 im *Zentralblatt für allgemeine Gesundheitspflege* veröffentlicht, fassten sie in dem Satz zusammen: »Die Sterblichkeit an Luftröhrenentzündung und Lungenkatarrh ist in den Stadtgemeinden um mehr als das Doppelte größer als in den Landgemeinden«. Besonders hoch sei die Zahl der Todesfälle in den Städten »mit massenhaften Steinkohlenfeuerungen und erreicht z. B. in Essen, Bochum, Duisburg und Dortmund die höchsten Verhältniszahlen.« Während der nächsten Jahrzehnte nahmen die Sterberaten durch Atemwegserkrankungen vor allem in den Industriestädten weiter zu.

In Dortmund war der Ausstoß von Schwefeldioxid allein durch Dampfmaschinen 1875 bereits mehr als zwanzigmal höher als noch um 1850. Im Kreis Bochum waren die Emissionen seit Mitte des Jahrhunderts um das Achtzigfache gestiegen. Rechnerisch gingen 1875 auf jeden Quadratkilometer dieses Kreises zwanzig Tonnen Schwefeldioxid nieder. Außerhalb der Kernzone des Ruhrgebiets dagegen waren die Belastungen zumindest in Westfalen relativ gering. Aber auch in den Landkreisen hatte die Industrie seit der Mitte des 19. Jahrhunderts Einzug gehalten. Dampfmaschinen gab es mittlerweile überall – und damit auch Kohlerauch, Ruß, Staub und Schwefelgestank.

Der Ort Schalke, später Gelsenkirchener Stadtteil, lag zu dieser Zeit noch am Rand des eigentlichen Ruhrreviers. Eine von Umweltschäden bereits massiv gezeichnete Industrieregion ging hier in Gebiete über, die davon erst punktuell betroffen waren. Der in Schalke geborene Hans Klose erinnerte sich später daran, wie es um 1890 dort aussah: »Schon damals engten im Osten und Westen lange Häuserreihen den Horizont ein; die Halden, Schlote und Gebäude der Kohlen- und Eisenwerke hoben sich düster gegen den Himmel ab, und grauschwarze Rauchfahnen hingen im Winde.« Wer den Ortskern Richtung Norden verließ, kam zuerst an den Resten »eines ehemals stattlichen Wäldchens« vorbei, wo »die Giftdämpfe der Kokerei das naheliegende Gehölz zur Ruine wandelten«. Dahinter folgten Metall verarbeitende Großbetriebe, die Steinkohlenzeche Consolidation, eine Eisenhütte, Schutthalden – »und dann war man im Freien. Die grünen Wiesen und Weideflächen wechselten ab mit Kartoffelland und Kornfeldern [...] In diesem freien Land ließ sich wandern, so lange man wollte, denn es erstreckte sich fast ununterbrochen zum Emscherflusse und darüber hinaus bis zum großen Hertener Walde.«

Schlug man 1890 statt nach Norden den Weg nach Westen ein, in Richtung der Nachbargemeinde Heßler, »so gab es auch da noch weiteste Flächen, vor denen die städtische und industrielle Entwicklung vorläufig Halt gemacht hatte. Saubere Bauernhöfe niedersächsischer Bauart, aus Fachwerk mit großem Einfahrtstor, inmitten freundlicher Eichenkämpe, lagen zwischen Wiesen und Kornfeldern verstreut; an Bach und Graben dufteten die Spiräen, und in manchen Gehölzen konnte man Maiglöckchen finden.«

Ein gutes Vierteljahrhundert später, zur Zeit des Ersten Weltkrieges, konstatierte Klose ein weitgehendes Verschwinden dieser ländlichen Idyllen. Die Industrie hatte sich weiter ausgebreitet und mit ihr die Umweltschäden: »Ganze Abschnitte waren verbaut und unzugänglich, und nur weniges erinnerte an die Zeit vor fünfundzwanzig Jahren. Bis auf etliche Weideflächen war alles Ansprechende verschwunden [...] Alles fließende Wasser war tintenschwarz. Im kahlen Lande standen noch einige Bauernhäuser [...], nur wenige Bäume waren geblieben [...] Die Rauchfahnen senkten sich erdwärts, und die Luft war erfüllt mit jenem teerähnlichen Geruch, der vielen Teilen des Gebiets eigentümlich geworden war. Der bedeckte Himmel aber war dunstig und trüber, als er anderswo an Regentagen aussieht.«

Der engagierte Naturschützer Klose mochte die Vergangenheit ein Stück weit idealisieren und die Entwicklung überzeichnen. Doch auch andere Quellen belegen, dass blauer Himmel über Ruhr und Emscher schon lange vor dem Ersten Weltkrieg kaum noch zu sehen war. Nicht mehr nur über einzelnen besonders betroffenen Städten, sondern über dem gesamten Revier und auch über Teilen der Rheinschiene hing zu Beginn des 20. Jahrhunderts an den meisten Tagen eine dicke Glocke von Rauch, Ruß und Staub. In der Zeitschrift *Stahl und Eisen* berichtete ein Gewerberat Klocke 1909: »Wer von Berlin kommend den Industriebezirk durchquert, der wird es deutlich wahrnehmen, wie der Zug bei Hamm plötzlich in diese Dunstwolke gerät und darin bis Düsseldorf und darüber hinaus verbleibt, so daß sich wohl schon mancher Reisender gefragt haben mag, wie die Menschen in solcher Luft überhaupt zu leben vermögen.« Von Duisburg im Westen bis Hamm im Osten, von Recklinghausen im Norden bis Hagen im Süden lagen die Schwefeldioxid-Emissionen aus Dampfmaschinen bereits kurz nach der Jahrhundertwende doppelt so hoch wie 1875 in Bochum, wo damals noch die mit Abstand höchste Belastung geherrscht hatte. Die ersten Flugzeuge, die 1913 das Ruhrgebiet überfliegen wollten, gerieten in so dicke Rauch- und Dunstschwaden, dass sie jede Orientierung verloren.

Aber auch anderswo in der Region hatte die Umweltbelastung durch Industrieabgase und andere Emissionen neue Rekordhöhen erreicht. Im Kreis Siegen war die Belastung ähnlich hoch wie an Ruhr und Emscher. In Bielefeld war sie höher, was der ostwestfälischen Metropole nach der Jahrhundertwende den Beinamen »Rauch- und Staubstadt« eintrug. Im Raum Minden wurde ebenfalls »vermehrte Rauch- und Rußentwicklung« registriert. In Büren, wo es 1849 gar keine Emissionen gegeben hatte und diese 1875 den Behörden noch nicht der Erwähnung wert erschienen, galt diesen »die Luft der Stadt und der Umgegend« 1902 durch Zementwerke als so »stark verunreinigt«, dass »der Aufenthalt im Freien fast unmöglich« geworden sei.

In den Städten der Rheinschiene wurde seit der Jahrhundertwende ebenfalls über eine flächenhaft auftretende »Rauch- und Rußplage« geklagt. Mit dem Wachstum der Industrie, dem Übergang von der Holz- zur Kohlefeuerung in Privathaushalten und der Ausdehnung des Verkehrs nahm die Zahl der Emissionsherde stetig zu. Längst beschränkte die Belästigung durch Rauch und Abgase sich nicht mehr auf einige feuchtkalte Winterwochen, wie ein im *Leitfaden für die Ruß- und Rauchfrage* zitierter Zeitgenosse klagte: »Wunderbar sitzt es sich an schönen Sommertagen an den Ufern des Rheins, Erholung sucht der Großstädter an schönen Abenden vielfach in öffentlichen Gärten. Leider wird aber der Genuß und die Erholung oft verkümmert durch den umherfliegenden Ruß vorbeifahrender Dampfer oder Lokomotiven oder durch solchen aus benachbarten Fabrik- oder Küchenschornsteinen.«

Je weniger die Umweltschäden sich geografisch eingrenzen ließen und je mehr nicht nur die Arbeiter der Industriebetriebe, sondern auch die erholungssuchenden Mittel- und Oberschichten Rauch, Ruß und Abgasen ausgesetzt waren, desto lauter wurde schließlich seit der Jahrhundertwende der Ruf nach Schutz davor. Die »Reinhaltung der Luft, die Lösung der Frage der Ruß- und Rauchbeseitigung« sei eine der drängendsten Aufgaben für Wissenschaft und Politik, hieß es jetzt. Ohne die Bewältigung dieses Problems werde das Leben in Städten zukünftig »ein Ding der Unmöglichkeit«.

Doch nicht nur der Himmel über den Städten sollte im Interesse der Gesundheit seiner Bewohner wieder sauber werden. Deutlich sei auch, dass die moderne Tendenz zur »Anhäufung großer Menschenmassen auf verhältnismäßig kleinem Raum eine ordnungsgemäße Wasserversorgung und Abwasserbeseitigung erfordere«. Denn das explosive Wachstum der Städte hatte im Lauf des 19. Jahrhunderts dem alten Problem der Wasserverschmutzung eine neue Qualität und Quantität gegeben. Zusammen mit der gewaltig vermehrten Einleitung gewerblich-industrieller Abfälle in Bäche und Flüsse war hier ebenfalls eine Situation entstanden, bei der eine Fortsetzung der bisherigen bedenkenlosen Praxis im wahrsten Sinne des Wortes fatale Konsequenzen heraufbeschwor.

Wie die Verschmutzung der Luft nahm auch die des Wassers im 19. Jahrhundert rapide zu. Verunreinigtes Wasser verursachte in rheinischen und westfälischen Städten wiederholt Epidemien mit Hunderten oder Tausenden von Todesopfern. In Köln, nach wie vor die größte Stadt der Region, stank es zum Himmel. Als der englische Dichter Samuel Coleridge die Domstadt 1828 besuchte, inspirierte ihn der Gestank zu einem Gedicht. Sein in Detmold geborener Kollege Ferdinand Freiligrath übersetzte es ins Deutsche:

»In Köln, der Stadt der Pfaffen und Schweine
Und stolpertückischer Pflastersteine,
der Lumpen, Vetteln und Hexengespenster,
da zählt' ich zweiundsiebzig Gestänker,
alle bestimmbar, verschiedene Sorten!
Ihr Nymphen über Kloaken, Aborten,
der Rheinfluss, das ist ja bekannt,
wäscht Köln, die Stadt, mit eigener Hand.
Doch sagt mir, ihr Nymphen, die Himmelskraft,
die dereinst des Rheinflusses Wäsche schafft?«

Das Nebeneinander von Aborten und Brunnen, die gleichzeitige Nutzung des Rheins als Trinkwasserreservoir und Abwasserkanal, das Fehlen einer geregelten Abfallentsorgung – all diese Faktoren führten nicht allein zu penetranter Geruchsbelästigung, sondern auch zur Verbreitung von Krankheitskeimen. 1849 brach in Köln die Cholera aus. Knapp 3000 der noch nicht ganz 100 000 Einwohner erkrankten daran, 1274 starben. 1866 gab es eine erneute Epidemie. Wieder fielen der Seuche 858 Kölner zum Opfer.

Die Epidemie von 1866 bewegte den Stadtrat endlich zum Handeln: Er beschloss den Bau einer Kanalisation. Jede Toilette in jedem Haus der Stadt sollte daran angeschlossen werden. Doch die preußische Verwaltung erhob Einspruch. In der Hauptstadt Berlin wies die Königliche Wissenschaftliche Deputation für das Medizinalwesen darauf hin, dass der Bau einer Kanalisation mit ungeklärter Einleitung der Kölner Fäkalien in den Rhein das Problem nur stromabwärts verschieben würde. Zwar könne der Fluss einiges vertragen. Aber in Fragen der öffentlichen Gesundheit verbiete sich das Experimentieren. Die Kölner Exkremente könnten außerdem wie in anderen Städten von den Bauern des Umlands ja auch als Dünger verwendet werden. 1877 erging deshalb eine Verfügung der preußischen

Regierung, die das Einleiten von städtischen Abwässern in Flüsse praktisch verbot.

Hinter der Opposition gegen den Bau von Schwemmkanalisationen in den Städten steckten nicht zuletzt handfeste Interessen. Für die Landwirte war Dung, ob von Tieren oder Menschen, im 19. Jahrhundert noch ein wertvoller Rohstoff. In den ländlichen Gegenden Westfalens erschien es nicht einmal als Gotteslästerung, »Mist« auf »Christ« zu reimen. Im Gegenteil – während der Revolution von 1848 meißelte ein skeptischer Bauer nahe Paderborn in den Türbalken seines Hauses: »Willst du sein ein frommer Christ, Bauer bleib auf deinem Mist, laß die Narren Freiheit singen, düngen geht vor allen Dingen.« Wo menschliche Fäkalien Bestandteile traditioneller landwirtschaftlicher Stoffkreisläufe waren, gab es für die hygienischen Sorgen von Großstädtern ebenso wenig Verständnis wie für deren politische Ambitionen.

Allerdings veränderte die Intensivierung der Landwirtschaft im Zuge der Industrialisierung auch den Agrarsektor. Die traditionellen Stoffkreisläufe reichten immer weniger aus, um die angestrebten höheren Erträge zu erzielen. Die Bauern ergänzten den zur Düngung verwendeten Mist heimischer Herkunft im Lauf des 19. Jahrhunderts durch Guano – getrockneten Vogelkot, der vor allem aus Lateinamerika und Westafrika in stetig wachsenden Mengen importiert wurde. Durch Dampfschiff und Eisenbahn sanken die Kosten dafür. Die Verwendung von überseeischem Guano wurde schließlich günstiger als die Verwertung des Inhalts städtischer Abortgruben. Anfang des 20. Jahrhunderts ließ sich Dünger dann auch synthetisch herstellen. Das Interesse an geschlossenen Stoffkreisläufen sank in der Landwirtschaft ab. Der Agrarsektor entwickelte sich stattdessen nun selbst zu einem belastenden Faktor für die Umwelt – zunächst durch die Überdosierung von nitrathaltigem Kunstdünger, später auch durch die Verwendung von Insektengiften zum Pflanzenschutz.

Parallel dazu ging das politisch motivierte Interesse zurück, städtische Schwemmkanalisationen zu verhindern. Der mächtigen Unterstützung vonseiten der Agrarlobby beraubt, traten die Wissenschaftler der preußischen Medizinaldeputation einen Rückzug auf Raten an. Sie gingen dazu über, einzelne städtische Kanalisationen zu genehmigen, wo die zu erwartende Belastung der Gewässer deren Selbstreinigungskraft voraussichtlich nicht überstieg. Schließlich wurden 1888 Grenzwerte der Gewässerbelastung festgelegt. Diese lagen freilich sehr hoch. Erst ein massenhaftes Absterben von Fischen und Vegetation am Gewässerrand, übler Geruch und die Entstehung von Fäulnisgasen galten als Indikatoren für zu hohe Belastung. Städte wie Köln und Industrieunternehmen konnten ihre Abwässer damit weitgehend ungeklärt in Flüsse einleiten.

In der Mitte des 19. Jahrhunderts spielten industrielle Emissionen bei der Gewässerverschmutzung noch kaum eine Rolle. Um 1850 waren es wie schon seit dem Hochmittelalter hauptsächlich die Städte und traditionelle Gewerbe, deren Abfälle Flüsse und Bäche belasteten. Im Rheinland war etwa das Wasser der Wupper durch die an ihren Ufern ansässigen Färbereien oft rot. In Westfalen gab es allein an der Emscher schon einzelne Abschnitte, wo der Fluss »beizenden und ätzenden Schlamm« mitführte. Selbst im Siegerland mit seiner entwickelten Montanindustrie galt das Wasser in deren Umgebung lediglich als »mäßig verschmutzt«. Zeitgenossen meinten, »nur da, wo das Wasser aus Blei-, Kupfer- und Silber-Gruben vermischt, muß dessen Genuß vermieden werden«.

Eine Generation später wurde die Belastung der Gewässer durch Industriebetriebe bereits vielerorts registriert. Am Niederrhein leiteten Textilunternehmen in großem Umfang Säuren und Schlamm in die nordwestlich von Goch in die Maas mündende Niers ein. Im westlichen Münsterland hatten sich ebenfalls zahlreiche Textilfabriken angesiedelt, deren Abfälle die Fischbestände absterben ließen. Auch das aus den Bächen trinkende Vieh sei »der Gefahr des Krepierens ausgesetzt«, beschwerte sich etwa ein Einwohner von Stockum nahe Nottuln 1882 bei der preußischen Regierung in Münster. Auf deren Nachfrage bestätigte der zuständige Coesfelder Landrat das. Durch die Abfälle der Textilbetriebe, die sich »mit der Zeit zu einer wahren Calamität« entwickelt hätten, erhalte »das Wasser oft tagelang eine schwarze Färbung«. Resigniert meinte der Münsteraner Regierungspräsident einige Jahre später, dass »ein Zustand der Flüsse, wie er früher einmal bestanden hat und Fischzucht ermöglichte, in industriellen Gegenden kaum herbeigeführt werden kann.«

Auch rund um Bielefeld und an der Lippe wurde in den 1880er-Jahren wiederholt Ähnliches gemeldet. Für die südlichen Nebenflüsse der Ruhr berichteten Behörden ebenfalls jetzt von »starker« Verschmutzung: Das Flussbett der Lenne sei zwischen Hohenlimburg und Altena durch Industrieabwässer »eine stinkende Kloake« geworden. Fließ- und Grundwasser an der Ennepe konnten seit der Ansiedlung chemischer Fabriken nicht mehr getrunken werden. Die Ruhr selbst war hingegen noch kaum betroffen.

Am bedenklichsten entwickelte sich die Situation an der Emscher unterhalb von Dortmund. Einleitungen von Kohlenschlamm, salzhaltigem Grubenwasser und städtischen Abfällen bildeten hier einen zunehmend ungesunderen Cocktail. Eine Recklinghausener Zeitung schrieb schon 1875, dieses in der Gegend von Mengede »einst so klare Flüßchen« sei mittlerweile dort »dunkelschwarz gefärbt und einen wahrhaften Pestilenzgestank verbreitend.« Der Ausschuss einer zur Regulierung des Flusses eingesetzten Kommission berichtete 1885 von einer Begehung bei Castrop: »Schon auf Entfernung von mindestens 1 Kilometer nimmt man einen faulig stinkenden Geruch wahr, der sich mit der Annäherung an die Emscher allmählig verstärkt. Die Ufer der Emscher zeigen sich unterhalb des höchsten Wasserstandes mit schwarzem, schmierigem Schaum bedeckt.« Auf ihrer Oberfläche schwammen »zahlreiche Hand- bis mehrere Hand-große Inseln von fein bis grobblasigem Schaum; zum Theile ist die Oberfläche von einer fettglänzenden Schicht bedeckt, welche in verschiedenen Farben schillert.«

Um 1880 wurden solche Zustände noch periodisch und punktuell beobachtet. Zwanzig Jahre später waren sie am gesamten Emscherlauf zum Daueranblick geworden. Die Emscher galt jetzt als »Höllenfluss« des Ruhrreviers. An ihren Zuflüssen war die Lage nicht besser. »Sämtliche Bachläufe dieses Industriegebiets«, urteilte die Medizinalverwaltung des preußischen Kultusministeriums 1903, »sind schwarz durch einen Brei aus Kohlen, Abgängen der Städte und Abflüssen der Äcker, manchmal so dickflüssig, daß ein hineingesteckter Stock darin unbeweglich stehen bleibt.« Eine Untersuchung des Wassers im Emschergebiet aus dem nächsten Jahr fasste ihre Ergebnisse in dem Satz zusammen: »Die Verschmutzung kann einen größeren Grad kaum noch erreichen.«

Die Entwicklung an der Lippe verlief in dieselbe Richtung. Bis 1900 war ihre Wasserqualität vielfach noch erträglich gewesen. Der Fischbestand wurde selbst am schon stärker verschmutzten Unterlauf in den späten 1890er-Jahren von zuständigen Behörden noch als »relativ gut« bezeichnet. Die Wanderung des Ruhrbergbaus und mit ihm der Siedlungen nach Norden, dazu die vermehrte Einleitung organischer Abwässer von Städten, Papier- und Zuckerfabriken, Brauereien und Chemiebetrieben änderten das jedoch. »In nicht zu ferner Zeit«, prophezeite die Essener Kanalbaudirektion 1912, »wird die Lippe ebenfalls in vollem Maße Vorfluter eines vollständigen Industriegebietes sein und, wie die Emscher, dessen Merkmale zeigen.«

Sogar an der bis dahin noch bemerkenswert sauberen Ruhr registrierten Untersuchungen nun häufiger stark verschmutzte Abschnitte. Schon an seinem Oberlauf roch der Fluss wegen der Einleitung von Industrieabwässern streckenweise »sehr übel« und war biologisch tot. Hinter der Ennepemündung stiegen die Belastungen dann wieder stark an. Bis zum Rhein gab es in der Ruhr von hier an kein Leben mehr. Ein Biologe beschrieb den Fluss auf der Höhe von Mülheim 1911 als »braunschwarze Brühe, die stark nach Blausäure riecht, keine Spur Sauerstoff enthält und absolut tot ist.«

Der Rhein selbst war von einem anderen Kaliber. Die Abwässer der Städte an seinen Ufern hatte er seit der Antike weitgehend bewältigt. Bis ins späte 19. Jahrhundert blieb die Kraft des Stroms zur Selbstreinigung ungebrochen. Die verstärkte Ansiedlung von Industrie an seinen Ufern und denen seiner Zuflüsse seit den 1880er-Jahren änderte das jedoch. Die Verunreinigung des Rheinwassers nahm jetzt neue Ausmaße an.

Am Vorabend des Ersten Weltkrieges waren die Folgen nicht mehr zu übersehen. Erste Entnahmen von Proben der Rheinsedimente um die Jahrhundertwende zeigten erschreckend hohe Konzentrationen an Schwermetallen. Die Bestände zahlreicher Fischarten im Rhein waren stark zurückgegangen, manche Arten bereits ausgestorben. Fischer begannen, gegen die Einleitung von städtischen und Industrieabwässern Sturm zu laufen. Die Versorgung der immer weiter wachsenden Großstädte im Rheintal mit Trinkwasser wurde zum Problem. Die Hoffnung darauf, dass man die Bewältigung der durch die große Transformation der Industrialisierung ausgelösten Kollateralschäden in der menschlichen Umwelt den Selbstreinigungskräften der Natur überlassen könnte, entpuppte sich vor 1914 in der Region immer deutlicher als eine gefährliche Illusion.

Einsprüche

Proteste gegen die wachsende Umweltbelastung im Industriezeitalter setzten auf dem Gebiet des heutigen Nordrhein-Westfalen früh ein. Sie waren allerdings ausgesprochen selektiv. Gegen die meist ungeklärte Einleitung städtischer Abwässer in Flüsse erhoben sich nur wenige Einsprüche. Denn diese hatte nicht nur jahrhundertelange Tradition. Dahinter stand mit den Stadtbewohnern auch eine große und stetig zunehmende Zahl von Verursachern. Es waren vor allem die neuen Belastungen durch die anfangs noch wenigen Industriebetriebe, die in der Öffentlichkeit ein negatives Echo auslösten. Dabei ergaben sich immer wieder ähnliche Konstellationen von Akteuren.

Ein typischer Fall war die Ansiedlung der Farbenfabrik Jäger in Lohausen während der 1870er-Jahre. Lohausen, das später nach Düsseldorf eingemeindet wurde, war damals noch eine selbstständige ländliche Gemeinde am Rhein. Ende 1875 bat der Barmener Fabrikant Carl Jäger den zuständigen Landrat um eine Zulassung für die Ansiedlung einer Fabrik dort. Die Zulassungsurkunde wurde innerhalb weniger Tage ausgestellt. Bald darauf begann der Bau des neuen Betriebes.

Die Bauarbeiten provozierten jedoch die Bildung einer Art Bürgerinitiative. Gut fünfzehn Lohausener schlossen sich zum Protest zusammen. Es handelte sich überwiegend um Großbauern, dazu einige wohlhabendere Bürger. Initiator und Sprecher war der Gutsbesitzer Ludwig Brors. Ihm waren Gerüchte über Umweltschäden rund um das Barmener Chemiewerk von Carl Jäger zu Ohren gekommen. Die Lohausener Landwirte fürchteten deshalb, Abwässer und Abgase der im Bau begriffenen Fabrik Jägers würden ihre Äcker und ihr Vieh vergiften.

Ludwig Brors legte daher im Frühjahr 1876 förmlichen Einspruch gegen den Weiterbau ein. Im Sommer schoben der Gutsbesitzer und seine Mitstreiter das Gutachten eines promovierten Chemielehrers nach, das ihre Befürchtungen von Umweltschäden durch die Anilinfarben-Fabrik untermauern sollte. Solche Fabriken, beanstandete der Gutachter zum einen, produzierten gewöhnlich salzsäure- und arsenhaltige Abwässer. Von dem Bau in Lohausen sei eine Vergiftung der Fische im Rhein und der Brunnen am Ufer zu erwarten. Zum anderen würden die Abgase aller Voraussicht nach »der Vegetation höchst verderblich« und darüber hinaus »zum Teil auch Menschen und Tieren lästig« werden. Als Folge sei mit einem Wertverlust der Grundstücke in Lohausen zu rechnen. Wenn die Fabrik den Betrieb aufnähme, schmälere das daher die bürgerlichen Rechte der Anwohner.

Der Landrat ruderte zurück. Das hatte aber offenbar weniger mit der Überzeugungskraft der wissenschaftlichen Argumente des Gutachters zu tun. Es war wohl eher der Protest der gesellschaftlichen Eliten vor Ort, zu denen der Landrat soziale Kontakte unterhielt, der sein Umdenken anstieß. Zudem fühlte er sich wahrscheinlich von dem Fabrikanten getäuscht: Denn Jäger hatte zunächst angegeben, in Lohausen relativ harmlose Eosinfarben herstellen zu wollen, dann aber nach Baubeginn der neuen Fabrik eine Ausweitung der Produktion auf wesentlich umweltbelastendere Anilinfarben beantragt. Jedenfalls empfahl der Landrat bereits vor dem Eintreffen des Gutachtens dem Regierungspräsidenten in Düsseldorf, eine Zulassung für die Herstellung von Anilinfarben nicht zu erteilen – oder allenfalls unter so strengen Auflagen, dass die Interessen der protestierenden Anwohner gewahrt blieben.

Schließlich kam es zu einer Anhörung der streitenden Parteien beim Regierungspräsidium. Die preußischen Behörden befanden sich in einem Dilemma. Einerseits sollten sie die Entwicklung des Gewerbes vor Ort fördern. Fabrikant Jäger hatte nach der ersten Zulassung auch bereits mit dem Bau seines neuen

Lohausener Werks begonnen. Andererseits waren die Behörden ebenso dem Schutz der Landwirtschaft verpflichtet, und bei Aufnahme einer Produktion von Anilinfarben waren Schäden bei Land- und Viehbesitz der Kläger um Gutsbesitzer Brors zu befürchten. Der Regierungspräsident versuchte mit seinem Urteil, das später im Wesentlichen vom preußischen Handelsministerium bestätigt wurde, beiden Seiten einigermaßen gerecht zu werden. Dem Fabrikanten erteilte er die Genehmigung dazu, doch Anilinfarben herzustellen. Die dabei entstehenden Gase müssten aber unbedingt verdünnt werden. Abwässer dürften nicht in den Boden gelangen, sondern seien in geschlossenen Rohren in den Rhein abzuleiten, und zwar in gehörigem Abstand vom Ufer.

Offensichtlich ist, dass Gedanken einer Verhinderung von Belastungen der Natur in Lohausen 1875/76 keine Rolle spielten. Es ging vielmehr um eine Lösung, die sowohl den Interessen des Fabrikanten als auch der Anwohner Rechnung trug. Letztere zeigten sich allerdings nicht befriedigt. In den nächsten Jahrzehnten kam es bis kurz vor dem Ersten Weltkrieg immer wieder zu Klagen, Jägers Farbenfabrik beachte die Auflagen nicht. Gutsbesitzer Brors profilierte sich noch geraume Zeit als Sprachrohr der Proteste und Antagonist des Fabrikanten. Schon das Urteil des Regierungspräsidenten hatte er angefochten und dabei Jäger erneut vorgeworfen, sich das ländliche Lohausen als neuen Standort in der Hoffnung ausgesucht zu haben, dort weniger Widerstand gegen die Verpestung der Gegend zu finden als in der Stadt Barmen. Es sei ein »offenes Geheimnis«, dass der Fabrikant im dicht besiedelten Wuppertal »von einer Klage in die andere verfiel, und Ansprüche und Anforderungen an ihn gestellt wurden, denen er nicht mehr gerecht werden konnte, respektive denen er, weil sie immer häufiger wurden, durch eine Verlagerung gerecht werden konnte.«

Tatsächlich hatte Jäger schon am früheren Standort seiner Fabrik in Barmen Ärger mit Anwohnern gehabt. Diese hatte er zunächst durch Geldzahlungen zum Schweigen bringen können. Als der Fabrikant jedoch 1872 eine Erweiterung seines Betriebes beantragte, formierte sich dagegen in der Stadt eine breite Oppositionsbewegung. Anwohner klagten über gesundheitliche Beschwerden durch Abgase aus der Fabrik. Außerdem hätten Jägers Arbeiter, statt wie von dem Fabrikanten zugesagt, die arsenhaltigen Laugen der Farbenproduktion abzutransportieren und im Meer zu versenken, nachts die giftigen »Rückstände in die Wupper geworfen. Längere Zeit geschah dies von der Ufermauer herab mit solchem Geplätscher, daß dadurch die Nachbarn im Schlaf gestört wurden, später wurde eine Rinne angefertigt und durch diese der Abgang in das Wasser ganz geräuschlos geschoben.« Auch sonst seien von der Fabrik die Auflagen nicht erfüllt worden, »denn nachweislich zerstören die aus der Fabrik aufsteigenden Gase die Vegetation in der Nachbarschaft.«

Auch hier spielte die Verhinderung einer Belastung der Natur offensichtlich keine Rolle. War es im ländlichen Lohausen eine mögliche Verseuchung von Vieh- und Landbesitz und die damit verbundene Wertminderung ihrer Grundstücke, die den Anwohnern Sorgen machte, so waren es in der Stadt Barmen persönliche Gesundheit und der Zustand von Gärten. Man hätte es durchaus begrüßt, wenn Jäger die giftigen Abfälle seiner Fabrik direkt im Meer entsorgt hätte. Empörend schien es hingegen, dass er den Transport dorthin aus Sparsamkeitsgründen den Flüssen überließ und deshalb die Nachtruhe der Anwohner störte, weil die giftigen Abwässer im Dunkeln heimlich in die Wupper plätscherten.

Es waren vor allem Anwohner aus wohlhabenderen Schichten, die sich darüber beschwerten: Gutsbesitzer, Großbauern und einzelne bürgerliche Honoratioren auf dem Land wie in Lohausen, Handwerksmeister und Ladenbesitzer in Industriestädten wie Barmen. In Essen registrierte der Oberbürgermeister 1907 die meisten Klagen wegen Luftverschmutzung nicht etwa gegen Krupp, sondern gegen eine Kornbrennerei, die in einem »als Wohnviertel von der wohlhabenden Bevölkerung bevorzugten Stadtteile« lag. Von den Stadträten, die im Rheinland und in Westfalen wie in allen preußischen Provinzen bis 1918 nach Dreiklassenwahlrecht gewählt wurden, das begüterte Wähler privilegierte, erhielten die Protestbewegungen oft Unterstützung. Allerdings klagten in Barmen auch Arbeiter, die nicht in Jägers Fabrik beschäftigt waren, über deren Emissionen. Anderswo in Westfalen und dem Rheinland protestierten ebenfalls Arbeiter als Anwohner gelegentlich gegen Abgase und Abwässer von Industriebetrieben.

Die Beschäftigten in Jägers Barmener Fabrik erklärten dagegen, keine Schäden an der Vegetation in ihren Gärten oder an ihrer Gesundheit feststellen zu können. In Essen sprengten Arbeiter einer chemischen Fabrik 1901 sogar gewaltsam eine Protestversammlung von Bürgern gegen Umweltbelastungen durch Abgase des Betriebes. Der Düsseldorfer Oberbürgermeister bemerkte einige Jahre später: »Die großen Farbenfabriken liegen zum Teil zwischen ihren eigenen Arbeiterhäusern und Beamtenwohnungen. Wenn von dieser Stelle aus Klagen über Belästigungen nicht kommen, so ist dies nur allzu erklärlich.« Die Beschäftigten dieser Fabriken hatten schlicht ein zu großes materielles Interesse am Fortbestand der Betriebe.

Die Haltung der staatlichen Behörden war uneinheitlich und schwankend. Teilweise entschieden sie eher zugunsten der industriellen Interessenten. Teilweise ergriffen sie mehr für die protestierenden Anwohner Partei. Welche Seite die Staatsbeamten begünstigten, hatte verschiedene Gründe. Soziale Beziehungen konnten ebenso eine Rolle spielen wie individuelle Überzeugungen und Erfahrungen. Meist versuchten die Beamten, wie in Lohausen einen Kompromiss zu finden. Das war auch 1872 in Barmen der Fall: Die Behörden genehmigten die vom Unternehmer beantragte Erweiterung der Farbenfabrik, machten aber Auflagen, die eine Belastung der Anwohner eindämmen sollten. Unter anderem verpflichteten sie den Fabrikanten zur Anlage eines Beckens, in dem die Abwässer gesammelt und geklärt werden sollten.

Solche Auflagen waren seit dem Erlass der Gewerbeordnung von 1845 in Preußen üblich geworden. 1865 wurden sie das mit der Verabschiedung des Allgemeinen Berggesetzes auch für die Montanindustrie. Davor hatten die Unternehmen Anwohnern für Schäden an Vieh, Land, Gärten oder Gesundheit gewöhnlich einen Ausgleich gezahlt. Diese Zahlungen waren seit spätestens 1865 aber schwieriger zu erlangen. Hinter der Neuregelung stand eine grundsätzlich vernünftige Idee: Statt nur für eine finanzielle Entschädigung des Leidtragenden durch den Verursacher zu sorgen, die an den Umweltschäden selbst nichts änderte, sollten diese Schäden durch die Auflagen präventiv verhindert werden. Die Umwelt belastende Substanzen sollten demnach am Ort ihrer Entstehung zurückgehalten und entsorgt werden, soweit das nach dem Stand der Technik möglich erschien.

Das war zumindest die Theorie. Die Praxis sah aber, weil die Rechtslage weitreichende Ausnahmen zuließ, nicht selten anders aus. Denn die Auflagen durften die Wirtschaftlichkeit des Betriebes nicht gefährden. Fabrikanten konnten deshalb in der Regel mit Erfolg argumentieren, dass durch eine Orientierung an dem, was technisch machbar war, ihr Geschäft unrentabel werden würde. Häufig konnten sie eine Gewerbezulassung sogar schon bekommen, wenn sie sich bei Umweltstandards an dem in der jeweiligen Branche Üblichen orientierten – auch wenn der Stand der Technik grundsätzlich mehr ermöglicht hätte.

Zudem sahen sich die Behörden mit technischen Fragen oft schlicht überfordert. Zuständig für die Ausstellung von Betriebsgenehmigungen waren in Preußen ausschließlich Juristen. Zwar gab es in den Verwaltungen auch Ingenieure und Mediziner. Die Behörden konnten zudem durch extern in Auftrag gegebene Gutachten auch auf andere wissenschaftliche Sachkompetenz zugreifen. Diese war freilich nicht immer unparteiisch, und abgesehen davon gestaltete sich die Kommunikation zwischen den technischen Experten und den letztlich entscheidenden Juristen schwierig. So waren vage Formulierungen wie die in einer Betriebsgenehmigung für eine Erweiterung von Carl Jägers Lohausener Farbenfabrik, dass »Schädigungen auf ein erträgliches Mass herabzumindern« seien, keine Seltenheit.

Den Industriebetrieben war damit ein weiter Spielraum eröffnet. Dass Geschädigte gegen solche Regelungen Sturm liefen, ist wenig überraschend. Seit der Wende vom 19. zum 20. Jahrhundert gingen die Verwaltungen deshalb mehr und mehr zu der Praxis über, Grenzwerte für Emissionen festzulegen. So strich der zuständige preußische Minister die zitierte vage Vorschrift für Jägers Lohausener Fabrik 1908 aus der Betriebsgenehmigung und ersetzte sie durch Angaben darüber, welche Menge Schwefel und anderer umweltbelastender Substanzen pro Kubikmeter Abgase enthalten sein durften.

Auch das bedeutete nur scheinbar einen Fortschritt. Denn die Behörden waren kaum in der Lage, die Einhaltung der Grenzwerte dauerhaft zu überwachen. Die betreffenden Betriebe konnten diese auch leicht dadurch erreichen, indem sie die Abgase mit Luft anreicherten und so bis zur erwünschten Konzentration verdünnten. Außerdem war die Schädlichkeit einzelner Stoffe für Pflanzen oder Tiere zwar im Laborversuch weitgehend zweifelsfrei nachzuweisen. Anders als im Labor traten die Stoffe aber in der Natur nicht isoliert, sondern in Mischungen mit anderen auf. Ihre konkrete Wirkung unter verschiedenen Umweltbedingungen eröffnete deshalb reichlich Gelegenheit zu kontroverser Interpretation. Grenzwerte blieben daher beständig umstritten, eine dauerhafte Lösung für Umweltkonflikte brachten sie nicht.

Umso attraktiver wurde eine andere Scheinlösung. Schon in den 1850er-Jahren war etwa in Stolberg bei Aachen der Bau höherer Schornsteine diskutiert worden. Durch diese ließen sich die Abgase weiträumiger verteilen und damit verdünnen. Bei dem Konflikt um einen Ausbau von Jägers Barmener Farbenfabrik bot der Unternehmer 1872 den Bau eines 40 Meter hohen Schornsteins an, um den Klagen der Anwohner zu begegnen. Die zuständigen Behörden griffen das auf, hielten allerdings 60 Meter Höhe für nötig. Jäger akzeptierte diese Auflage aus Kostengründen nicht und entschied sich für eine Umsiedlung seiner Fabrik nach Lohausen.

Der Bau hoher Schornsteine wurde aber nun immer öfter üblich. Seit den 1880er-Jahren galten diese unter Ingenieuren zunehmend als Königsweg, um das Problem der Umweltschäden durch Abgase zu lösen. Substanzen wie Schwefeldioxid würden dadurch in höhere Luftschichten transportiert und ihre Konzentration zumindest auf unschädliche Werte gesenkt. Vereinzelt gab man sich sogar der Hoffnung hin, das »unendliche Meer der Lüfte« verfüge über Selbstreinigungskräfte wie die großen Gewässer. Zwar machten manche Chemiker und Biologen geltend, dass auf diese Weise die Belastung keineswegs beseitigt wurde: »Die hohen Schornsteine schützen zwar die nächste Umgebung, nicht aber die weiter abliegende Pflanzenwelt.« Dennoch wurden die Schornsteine vielfach nicht nur als weithin sichtbare »Leuchttürme« der Industrie, sondern auch als solche des technischen Fortschritts bei der Bewältigung von Umweltproblemen verstanden.

Der Bau von höheren Schornsteinen senkte im späten 19. Jahrhundert die Abgasbelastung dort, wo diese entstand, und machte sie erträglicher. Die Schornsteine erhöhten damit die Akzeptanz von Industrieansiedlungen auch in dicht besiedelten Städten. Industrielle Arbeitsplätze und Gewerbesteuereinnahmen von Industriebetrieben waren nun zu haben, ohne übermäßige Kollateralschäden durch Abgase dafür in Kauf nehmen zu müssen. Andererseits verteilten sie Rauch, Ruß und Schadstoffe großflächig. Dass diese sich nicht mehr punktuell im Umkreis der Verursacher konzentrierten, sondern um die Jahrhundertwende schließlich in Industrieregionen zur allgemeinen Landplage wurden, war neben dem Anstieg der Zahl von Fabriken auch Folge des Baus höherer Schornsteine. Aus lokalen wurden so regionale Probleme: Im Aachener Raum, um Bielefeld, im Siegerland, am Rhein und vor allem im Ruhrgebiet entwickelte sich die Dunstglocke aus industriellen Emissionen zum Dauerphänomen.

Dass solche Umweltbelastungen von den Bewohnern der betroffenen Regionen zu ertragen seien, weil die dort konzentrierte Industrie Arbeitsplätze und Wohlstand mit sich bringe, etablierte sich zunehmend als allgemeine Ansicht. In Barmen hatte Carl Jäger 1872 bereits so argumentiert: Schäden durch Abgase seien in einer »Fabrikstadt« eben nicht zu verhindern. Bei der Mehrheit der Anwohner im Wuppertal fand er damals mit dieser Position noch kein Verständnis. An der Ruhr sah es ein gutes Jahrzehnt später schon anders aus. So kommentierte ein Gewerberat in Oberhausen 1884 »die seltsame Tatsache«, dass die allgegenwärtige »Rauchplage« dort kaum noch Proteste hervorrief. Eine Ursache dafür war der fast vollständige Rückzug der Landwirtschaft aus dem Stadtgebiet. Vor allem aber dürften die Gründe »in der Gewöhnung der Bevölkerung an den schlechten Luftzustand und in der industriellen Interessengemeinschaft des wohlhabenden Teils der Bevölkerung wie in der Meinung, daß die Rauchschädigung eine der industriellen Tätigkeit unabänderlich beiwohnende und deshalb zu duldende Wirkung derselben sei, zu suchen sein.«

Unter dem Begriff der »ortsüblichen« Belastung fand diese Vorstellung immer weitere Akzeptanz. 1900 erlangte sie sogar Gesetzeskraft. Das in diesem Jahr in Kraft tretende Bürgerliche Gesetzbuch sah in seinem Paragrafen 906 zwar die Möglichkeit vor, für den Wertverlust von Grundstücken Schadensersatz zu fordern. Das galt auch für Umweltschäden. Ausgenommen davon waren aber Schäden durch eine Einwirkung, »die nach den örtlichen Verhältnissen bei Grundstücken dieser Art gewöhnlich ist«.

An der Ruhr und in anderen Industriegebieten waren seitdem Entschädigungsklagen gegen Abgase meist zum Scheitern verurteilt. Gerichte entschieden nun wiederholt, dass solche Emissionen dort eben »ortsüblich« seien. Wer eine Arbeitsstelle in Industriestädten annehme, wisse ja, worauf er sich damit einlasse. Behörden in den industriellen Zentren neigten angesichts der Rechtslage zunehmend zur Resignation. »In den hiesigen Industriebezirken sind Maßnahmen gegen die Rauch- und Rußbelästigung als völlig aussichtslos anzusehen«, meinte der Amtmann von Werne bei Dortmund 1912.

Die Etablierung des Prinzips der »Ortsüblichkeit« in der Rechtsprechung behinderte die Umsetzung technischer Innovationen und schrieb stattdessen vielfach den Status quo fest. Zwar wurden vor dem Ersten Weltkrieg durchaus einzelne technische Neuerungen umgesetzt. Schwefelsäure etwa, lange Zeit als Abfallprodukt von chemischer und Montanindustrie durch die Schornsteine gepustet, ließ sich teilweise gewinnbringend bei der Produktion von Soda, Dünge- und Arzneimitteln verwerten.

Wo solche Verwertung von Abfallstoffen der Industrie aber keinen Ertrag versprach, erwies sich der Grundsatz der »ortsüblichen« Belastung als Hemmschuh dafür, Umweltschäden zu verringern. Bis zur Mitte des 20. Jahrhunderts erschwerte er den flächendeckenden Einsatz von Rauch- und Rußfiltern. Damit wurde Versuchen, gesellschaftlichen Druck für eine Verhinderung von Abgasen aufzubauen, weitgehend der Boden entzogen.

Hingegen waren die parallelen Bemühungen beim Abwasser vor dem Ersten Weltkrieg mehr von Erfolg gekrönt. Zwar gab es auch hier eine weitverbreitete Praxis, Grenzwerte für Emissionen durch »Verdünnung« von Schadstoffen zu umgehen. Aber die Einzugsgebiete von Flüssen waren oft wesentlich größer als selbst die Gebiete, in denen Abgase durch die im späten 19. Jahrhundert erhöhten Schornsteine verteilt wurden. Schäden durch giftige Abwässer ließen sich deshalb weniger eingrenzen. Einleitungen im Bielefelder Raum oder im Ruhrgebiet hatten noch Konsequenzen für weit entfernte ländliche Regionen Ostwestfalens oder des Niederrheins. Die dort gegen Umweltschäden klagenden Bauern und Kommunen konnten nicht mit dem Argument der »ortsüblichen« Belastung mundtot gemacht werden.

Zudem stieß auch in den industriellen Ballungsräumen selbst die Nutzung von Wasserressourcen sichtbar an Grenzen. Besonders im Ruhrgebiet mit seinen relativ kleinen Fließgewässern wurde das in den Jahren vor 1914 sehr deutlich. Bevölkerung und Zahl der Industriebetriebe wuchsen seit den 1890er-Jahren im Revier geradezu explosiv. Ruhr, Emscher und ihre Nebenflüsse mussten deshalb nicht nur immer mehr Abfälle von Gewerbe und Städten aufnehmen. Auch der Bedarf an Frischwasser erhöhte sich. Beides gleichzeitig konnten die Ruhrgebietsflüsse jedoch kaum noch leisten: Ihre Kapazitäten zur Selbstreinigung zeigten sich um die Wende vom 19. zum 20. Jahrhundert offensichtlich überfordert.

Insbesondere die Emscher galt um die Jahrhundertwende deshalb als Abflusskanal des Reviers. Der Fluss sei, urteilte der Regierungspräsident von Arnsberg 1902, »die cloaca maxima für diesen Bezirk«. Mehr als die Hälfte des Emscherwassers machten gewerbliche und häusliche Abwässer aus. Knapp jede dritte Zeche leitete ihr Grubenwasser völlig ungeklärt ein, bei vielen anderen ließ der Zustand der Kläranlage einiges zu wünschen übrig. Bei öffentlichen Einrichtungen hatte sogar nur etwa jede zweite überhaupt eine Kläranlage. Dennoch gab es im Einzugsbereich der Emscher noch 18 000 Trinkwasserbrunnen!

Da Emscher wie auch Ruhr gleichzeitig als Trinkwasserreservoir und Abwasserkanäle genutzt wurden, waren Gesundheitsgefährdungen ihrer Anwohner vorprogrammiert. In ganz Preußen wurden Ende des 19. Jahrhunderts nur im Ruhrgebiet noch Fälle von Malaria registriert – anderswo war diese Seuche ausgerottet. Die Sterblichkeit durch Typhus lag im Einzugsgebiet der Emscher doppelt so hoch wie im übrigen Preußen. 1900 brach eine Typhusepidemie in Bochum aus. Im nächsten Jahr geschah das Gleiche in Gelsenkirchen, 500 Menschen starben. Daraufhin wurde ein Hygieniker als Gutachter bemüht. Der Mann hatte zuvor bereits die Verhältnisse in Neapel, Palermo und Istanbul während Ausbrüchen von Cholera untersucht und dort »sehr schlimme Zustände gesehen«. Aber, erklärte er, »so bedenkliche Zustände in Bezug auf Entwässerung, Abwasser und Fäkalienbeseitigung […] wie in den von Typhus ergriffenen Bezirken des Emschertales habe ich nirgends gefunden.«

Die Serie von Epidemien wirkte aufrüttelnd. Sie verstärkte eine Reihe von Entwicklungen, die teilweise schon seit den 1890er-Jahren in der Region eingesetzt hatten. Wachsender Wohlstand durch die Industrialisierung ließ generell die Ansprüche an Lebensqualität steigen. Um unter den Bedingungen von faktischer Vollbeschäftigung Arbeiter und Angestellte zu halten, zeigten sich Unternehmer mehr um die Gesundheit ihrer Beschäftigten besorgt. In den staatlichen Behörden sahen zumindest die Beamten vor Ort angesichts steigender Umweltbelastungen Handlungsbedarf.

1899 war es bereits zur Gründung eines Komitees von Emscheranliegern gekommen. Vertreter der Industrie und der Kommunen beratschlagten seitdem über eine Lösung der immer drängenderen Probleme. Die Seuchen beschleunigten diese Beratungen und führten 1904 schließlich zur Bildung der Emschergenossenschaft. Zwei Jahre später begannen die Bauarbeiten zur Regulierung des Flusses. Seine Fließgeschwindigkeit wurde dadurch beträchtlich erhöht. Gleichzeitig nahmen zahlreiche Städte und Industriebetriebe den Bau von Kläranlagen in Angriff.

Angesichts des anhaltenden Wachstums von Bevölkerung und industrieller Aktivität in der Region konnte das letzten Endes nur eine weitere Verschlechterung der Wasserqualität der Emscher verhindern. Sie blieb der Abwasserkanal des Reviers. In mancher Hinsicht wurden die Probleme auch lediglich verlagert, denn zu einer Reduzierung der Menge des Abwassers kam es unter dem Strich nicht; dieses wurde jetzt nur schneller in den Rhein transportiert.

Allerdings verbesserte sich der Gesundheitszustand der Bevölkerung im Revier deutlich – wozu auch die nun etablierte Aufgabenteilung zwischen Ruhr und Emscher wesentlich beitrug. Die Ruhr war für eine Versorgung der Menschen mit Trinkwasser wesentlich besser geeignet. Ihr Gefälle und damit ihre Fließgeschwindigkeit und Fähigkeit zur Selbstreinigung waren deutlich höher als im Fall der Emscher. Da der Bergbau um 1900 vielfach schon nach Norden wanderte, nahm die Verunreinigung der Ruhr mit Grubenwasser tendenziell ab. Außerdem bildeten die Kiesschichten an ihren Ufern eine Art natürlichen Schmutzfilter.

Die Ruhr wäre freilich trotz dieser relativ günstigen Voraussetzungen auf Dauer auch nicht mehr in der Lage gewesen, die stetig steigenden Ansprüche des Reviers an Wasser zu befriedigen. An ihrem Unterlauf drohte sie wiederholt zu einem Rinnsal zu werden, wenn nicht ganz zu versiegen. Anfang der 1890er-Jahre waren dem Fluss 90 Millionen Kubikmeter im Jahr entnommen worden, um Privathaushalte und Industriebetriebe im Revier zu versorgen. Bis 1911 hatte sich diese Menge auf 300 Millionen Kubikmeter mehr als verdreifacht. Der Bau eines Talsperrensystems, mit dem nach der Jahrhundertwende begonnen wurde, machte das möglich.

Dennoch erreichte die Wasserqualität der Ruhr im heißen und trockenen Sommer 1911 wieder einen kritischen Zustand. Nur durch massiven Zusatz von Chlor konnte ihr Wasser für Menschen genießbar gehalten werden. Das beschleunigte Überlegungen zu einem verpflichtenden Ausbau von Kläranlagen entlang des Flusslaufs. Im Umfeld von Münster, Paderborn und Mönchengladbach hatte die Klärung der städtischen Abwässer seit den 1890er-Jahren die Wasserqualität der Flüsse bereits wieder verbessert. Rheinischer und westfälischer Provinziallandtag berieten nun im Eilverfahren ein Gesetz zur Reinhaltung der Ruhr, das 1913 in Kraft trat.

Bereits im Jahr davor war der Plan für ein gewaltiges Großprojekt entstanden: Ein Kanal sollte die Abwässer von Duisburg, Mülheim und Oberhausen direkt in den Rhein leiten und die Ruhr so entlasten. 1914 starteten die Arbeiten an dem riesigen Bau. Doch dann begann der Erste Weltkrieg. Er unterbrach nicht nur die Fertigstellung dieses Projekts. Der Krieg setzte auch der umweltpolitischen Aufbruchstimmung ein Ende, die seit der Jahrhundertwende sich wenigstens teilweise angebahnt hatte.

# Stille Jahre:
# Die Zeit der Weltkriege

## Kriege und Krisen

Im Herbst 1914 bat die Duisburger Kabelwerk AG bei den zuständigen Behörden um eine Genehmigung für den Bau einer Granatenfabrik. Die Granaten sollten in der Fabrik mit dem hochexplosiven Sprengstoff Trinitrotoluol, besser bekannt unter dem Kürzel TNT, gefüllt werden. Angesichts des seit August tobenden Ersten Weltkrieges war die Zustimmung der Militärverwaltung nur eine Formalität. Der Duisburger Oberbürgermeister erhob wegen der Kriegswichtigkeit des Betriebes ebenfalls keinen Einspruch. Bei der für Sicherheits- und Umweltfragen zuständigen Gewerbeinspektion Essen verursachte der Antrag dagegen einige Bauchschmerzen. Der verantwortliche Beamte notierte, dass er »in Friedenszeiten die Genehmigung der Anlage unter keinen Umständen befürworten« würde. Denn die Fabrik, in der »sehr große Mengen« des gefährlichen und für Menschen zudem hochgiftigen Sprengstoffs verarbeitet werden sollten, war »in nur 20 Meter Entfernung von bewohnten Häusern« geplant. Dennoch entschloss sich der Gewerbeinspektor, keinen Einspruch zu erheben, weil »das vorgeschriebene Genehmigungsverfahren (nach Reichsgewerbeordnung) im militärischen Interesse zur Zeit nicht durchführbar erscheint«.

Rücksichtnahmen auf Gesundheit und Sicherheit der Anwohner, die im Frieden selbstverständlich gewesen waren, erschienen unter den besonderen Bedingungen des Krieges überflüssig. Gesetzliche Regelungen, die bei all ihren Mängeln der Umgebung von Industriebetrieben bisher zumindest einen gewissen Schutz gewährt hatten, konnten seit 1914 ohne Weiteres außer Kraft gesetzt werden. Im Namen des »nationalen Notstands« galten Gewerbeordnungen plötzlich nicht mehr, wurden Vorschriften gelockert und Emissionsgrenzwerte ignoriert. Allein im Regierungsbezirk Düsseldorf erwirkten militärische Stellen während des Ersten Weltkrieges fast 300 offizielle Ausnahmegenehmigungen für Fabriken, die wegen der von ihnen ausgehenden Belastung für Anwohner und Natur zuvor gar keine Betriebszulassung erhalten hätten.

Damit begann eine mehr als dreißigjährige Phase, während der Umweltfragen in der öffentlichen Aufmerksamkeit an Bedeutung verloren. Auf den teilweisen umweltpolitischen Aufbruch der Jahre vor 1914 folgten in dieser Hinsicht nun eher stille Jahre. Nach dem Ende des Krieges 1918 verschwanden zwar viele der kriegswichtigen Dreckschleudern, und die alten Gewerbevorschriften traten weitgehend wieder in Kraft. Doch die Praxis der Genehmigung und Kontrolle umweltbelastender Betriebe blieb auch in der Zeit der Weimarer Republik deutlich laxer. Nach 1933, als Deutschland unter nationalsozialistischer Herrschaft auf einen neuen Krieg vorbereitet wurde, galt das erst recht.

Rheinische und westfälische Behörden waren in Umweltfragen schon vor 1914 meist erst aktiv geworden, wenn Beschwerden bei ihnen einliefen. Nun reagierten sie häufig selbst dann kaum, wenn solche kamen. »Es bleibt abzuwarten, ob weitere Beschwerden angebracht werden« – diese Reaktion in einem 1929 angefertigten Vermerk der Bielefelder Polizeiverwaltung war symptomatisch. Um die behördliche Praxis des Aussitzens von Protesten zu rechtfertigen, wurde jetzt noch öfter auf das Prinzip der »ortsüblichen Belastung« zurückgegriffen. Kaum zufällig hatte dieser Grundsatz im rheinisch-westfälischen Industriebezirk während des Ersten Weltkrieges 1915 höchstrichterliche Rückendeckung erhalten: Das Reichsgericht wies in diesem Jahr die Klage eines Obstbauern aus dem Ruhrgebiet, dessen Bäume unter den Abgasen einer Kokerei litten, mit der Begründung ab, das gehöre nun einmal zum »typischen Charakter einer Industriegegend«.

Dabei hätte selbst die Bekräftigung des schon früher vielfach geltend gemachten Prinzips der »Ortsüblichkeit« durch das Reichsgericht die Behörden nicht unbedingt von einem Engagement im Umweltschutz abhalten müssen. Denn bei dem Urteil des Reichsgerichts handelte es sich um eine zivilrechtliche Vorgabe, die lediglich für das Verhältnis von Verursacher und Leidtragenden relevant war. Der öffentlichen Verwaltung bot etwa die Gewerbeordnung durchaus genug Möglichkeiten, um von sich aus aktiv zu werden. Doch das geriet seit 1914 weitgehend in Vergessenheit. 1930 musste selbst der Aachener Regierungspräsident vom Bürgermeister in Würselen daran erinnert werden, die Behörden könnten »gegen jede gewerbliche Anlage – ob genehmigt oder nicht – einschreiten, sofern erhebliche, namentlich gesundheitsgefährdende Gefahren für das Publikum dadurch herbeigeführt werden«. Nur taten sie das eben jetzt für Jahrzehnte kaum mehr.

Dabei verbesserte der technische und wissenschaftliche Fortschritt zwischen den Weltkriegen eigentlich die Möglichkeiten dafür. Im Ruhrgebiet wurden Anfang der 1930er-Jahre erstmals die über dem Stadtgebiet von Essen und Bochum niedergehenden Staubmengen genau erfasst und mit den wesentlich geringeren Werten in ländlichen Gemeinden verglichen. Praktische

Konsequenzen zog daraus allerdings niemand. Zur gleichen Zeit wurde auch der gewaltige Flugaschenauswurf des Goldenbergwerks im rheinischen Braunkohlegebiet, damals das größte Kraftwerk Europas, penibel vermessen. Aber zum Einbau von Staubfiltern, der technisch ohne Weiteres möglich gewesen wäre, kam es dort nicht.

Die Messungen dienten stattdessen dem Zweck, den »ortsüblichen« Status quo quantifizieren zu können – und damit festzuschreiben. Für das Ruhrgebiet und das rheinische Braunkohlerevier handelten die Behörden nach dem Motto, das 1928 ein Düsseldorfer Gewerberat formulierte: »Damit wird sich die Nachbarschaft abfinden müssen.« Gelegentlich gingen die zuständigen Gewerbeinspektoren bei der Genehmigung neuer Betriebe zwischen den Weltkriegen sogar wieder hinter die Orientierung an Grenzwerten zurück, die nach der Jahrhundertwende üblich geworden war. So formulierten sie in Dortmund 1924 die denkbar dehnbare Auflage, »dass Schädigungen und Belästigungen der Nachbarschaft und der Arbeiter des Betriebes nach Möglichkeit vermieden werden« sollten.

Die laxere Verwaltungspraxis in Umweltfragen war dabei alles andere als ein Ausdruck von Behördenwillkür. Sie ging vielmehr mit einem verringerten Interesse der Bevölkerung an diesen Fragen einher. Gerade für die Zeit der Weimarer Republik wäre nichts falscher, als den Behörden Dünkel oder Mauschelei mit industriellen Eliten zu unterstellen. Im Gegenteil: Niemals zuvor waren die Möglichkeiten der Bevölkerung, Politik und Verwaltungshandeln zu beeinflussen, größer gewesen. Das nationale Parlament, der Reichstag, hatte nun wesentlich mehr Rechte. Mit der Revolution von 1918 war das Dreiklassenwahlrecht, das bis dahin die Wirtschaftseliten privilegiert hatte, zu Stadträten und preußischem Abgeordnetenhaus beseitigt worden. Doch ausgerechnet das jetzt demokratisch gewählte Abgeordnetenhaus verweigerte 1925 Geldmittel, die der Siedlungsverband Ruhrkohlenbezirk für den Schutz von Wäldern auf seinem Gebiet erbat. Die umweltpolitisch stillen Jahre der Zwischenkriegszeit spiegelten das Desinteresse großer Teile der Gesellschaft an diesem Thema.

Die Ursachen für dieses Desinteresse waren vielfältig. Zunächst einmal verlangsamte sich das wirtschaftliche Wachstum in der Zeit zwischen den Weltkriegen. Die schnelle Industrialisierung hatte in den Jahrzehnten vor 1914 auch zu einem rasanten Anstieg der Umweltbelastungen geführt. Die industrielle Entwicklung ging danach zwar weiter, aber sie verlief nun deutlich gemächlicher. Entsprechend weniger fühlbar dürfte die Zunahme der Umweltschäden gewesen sein.

Das rasante Wachstum hatte zudem vor dem Ersten Weltkrieg die ersten Umrisse einer Konsumgesellschaft entstehen lassen. Die Schattenseite des sich entwickelnden Überflusses war die Potenzierung der Abfall- und Müllprobleme gewesen. Während des Ersten und dann erneut während des Zweiten Weltkrieges wurden dagegen alle wirtschaftlichen Produktionskapazitäten auf die Herstellung militärischer Güter konzentriert. Aus Überfluss wurde so Mangel an Konsumgütern, an die Stelle des verschwenderischen Umgangs mit Ressourcen traten Sparsamkeit und Recycling. Die verlustreiche Niederlage im Ersten Weltkrieg und ihre psychologischen Nachwirkungen führten dazu, dass diese Mentalität sich auch nach dem Übergang zur Friedenswirtschaft nie ganz verlor. Das weitverbreitete Gefühl, die im Krieg erlittene Niederlage wieder wettmachen zu müssen, begünstigte eine möglichst effiziente Ausnutzung von Ressourcen.

Das hatte teilweise sogar zur Folge, dass jetzt aus Gründen der Ressourcenersparnis technische Innovationen umgesetzt wurden, die Emissionen reduzierten, was vor 1914 von Ingenieuren und Anwohnern zur Bekämpfung von Umweltschäden vergeblich gefordert worden war. Selbst niedrig konzentrierte schweflige Säuren aus Industrieabgasen herauszufiltern und weiter zu verwerten, ein erhöhter Effizienzgrad bei der Kohleverbrennung, die Verwendung von Grubengasen, die vor dem Ersten Weltkrieg unter viel Rauchentwicklung einfach abgefackelt worden waren, zu Heizwecken – all das erschien auf einmal rentabel. Weil Phenole aus Grubenabwässern, die Fische und andere Wasserorganismen vergifteten, als Rohstoffe zur Herstellung von Plastik unter anderem zu militärischen Zwecken geeignet waren, ließ sich ihre Extraktion jetzt finanzieren. Kohlenstaub, bisher als nutzlos im Boden deponiert oder durch Schornsteine geblasen, wurde nun in neuen Kraftwerken zur Stromerzeugung verwendet.

Elektrischer Strom schien ebenfalls zur Senkung von Umweltbelastungen beizutragen – auch wenn sich das bei näherem Hinsehen als Irrtum erweist. Von den Zeitgenossen wurde die Elektrizität euphorisch als »weiße Kohle« gefeiert. Strom galt als saubere Energieform: Schließlich kam er aus der Steckdose, und anders als Stein- oder Braunkohle staubte und rußte er nicht. Natürlich war das eine Illusion. Denn im Rheinland und in Westfalen wurde elektrischer Strom ganz überwiegend in Kohlekraftwerken erzeugt. Wegen des Energieverlusts bei der Umwandlung erhöhte die Umstellung auf Elektrizität unter dem Strich den Verbrauch fossiler Energien. Die Strom erzeugenden Kraftwerke wurden freilich am Rand der industriellen Zentren gebaut. Ähnlich wie die Errichtung höherer Schornsteine verteilte ihr Bau die Umweltbelastung deshalb weiter.

Die Nutzung von Kohlenstaub in den neuen Elektrizitätswerken erwies sich gleichfalls als zweischneidige Sache. Nur ein Teil des Staubes konnte dort tatsächlich gewinnbringend verbrannt werden. Der Rest ging als Ascheregen in der Umgebung nieder. Aus der Perspektive der leidgeprüften Anwohner war da Deponierung im Boden durchaus eine vorteilhafte Alternative. Kaum eine technische Neuerung der 1920er-Jahre provozierte heftigere Proteste als Kohlenstaubfeuerungen – ob bei den Kraftwerken von Witten-Herdecke am Harkortsee und von Knapsack in der Ville oder bei der Herner Zeche Mont Cenis.

Zwar machte die Staubfiltertechnik große Fortschritte. Die von Erwin Möller in Brackwede bei Bielefeld patentierten und produzierten Elektrofilter arbeiteten äußerst effizient. Allerdings war ihr Einbau sehr kostspielig. Die Kraftwerks- und Zechenbetreiber setzten deshalb lieber auf günstigere mechanische Filtersysteme mit deutlich geringerem Wirkungsgrad. Behörden, Experten und Öffentlichkeit außerhalb des direkten Umkreises der Staubschleudern fanden das im Großen und Ganzen einen akzeptablen Kompromiss. Schließlich war das gesellschaftliche Hauptanliegen ja eine effizientere Verwendung von Ressourcen, die Vermeidung von Umweltschäden dagegen allenfalls zweitrangig.

Das galt auch für andere technische Innovationen der Zwischenkriegszeit. Gerade beim Verbrennen von an der Ruhr geförderter Kohle wurden weiterhin schweflige Gase in die Luft gepustet. Denn der relativ geringe Schwefelanteil der Ruhrkohle machte ihre Entschwefelung nicht rentabel. Letzten Endes dürfte die Umweltbelastung in den stillen Jahren kaum zurückgegangen sein. Systematische Vergleichsmessungen über längere Zeiträume gibt es für diese Zeit zwar noch nicht. Doch die Dunstglocke aus Rauch, Ruß und Abgasen über Rhein und Ruhr blieb. Auch die kompetentesten zeitgenössischen Beobachter hatten nicht den Eindruck, dass die Umweltschäden nachließen und eine Besserung eintrat. So konstatierte ein Mitarbeiter der Preußischen Landesanstalt für Wasser-, Boden- und Lufthygiene kurz vor dem Ende des Zweiten Weltkrieges, es sei wohl »die Luft in den Zentren der Industrie schwerlich besser als vor einer Generation.«

Warum ging dann das Interesse an einer Besserung des Zustands der Umwelt zurück? Offenbar wurde es von anderen Sorgen überlagert. Die Jahrzehnte seit 1914 waren auf dem Gebiet des heutigen Nordrhein-Westfalen geprägt durch eine kaum abreißende Folge von Krisenerfahrungen. Am Anfang stand der Erste Weltkrieg. Die durch die Kriegsanstrengungen bedingten materiellen Wohlstandseinbußen ließen Fragen der Lebensqualität in den Hintergrund treten. Wo der Hunger regierte, erschienen saubere Luft und klareres Wasser nachrangig. Dazu kamen die Menschenverluste. Es gab kaum jemanden, der in der Region nicht Verwandte oder nahe Bekannte hatte, die auf den Schlachtfeldern ums Leben kamen. Zwischen 1918 und 1920 forderte die Spanische Grippe zudem unter den schlecht ernährten Menschen an der »Heimatfront« mehr Opfer, als in den Jahren zuvor der Krieg gekostet hatte.

Auch sonst wurden die ersten Jahre der Nachkriegszeit als nicht weniger krisenhaft empfunden. Die Umstellung von Kriegs- auf Friedenswirtschaft war von hoher Arbeitslosigkeit und sozialen Konflikten geprägt. 1922/23 hinterließen Inflation und Währungsreform tiefe Narben; ihre Erfahrung blieb lange Zeit virulent. Neben die anhaltende Wirtschaftskrise trat die Krise des nationalen Selbstbewusstseins. Die Kriegsniederlage wirkte 1918 wie ein Schock; sie galt in ganz Deutschland jahrzehntelang als nationale Schmach. Im von den Siegermächten bis Ende der 1920er-Jahre besetzten Rheinland herrschte dieses Gefühl erst recht vor. Zwischen 1923 und 1925 wurde es durch die französische Besetzung der westfälischen Teile des Ruhrgebiets dort noch einmal verstärkt.

Erst in den späten 1920er-Jahren schien zumindest oberflächlich wieder so etwas wie Normalität einzukehren. Bezeichnenderweise war das auch die einzige kurze Phase, in der Umweltfragen wieder größere öffentliche Bedeutung in der Region erlangten.

Nach langen Unterbrechungen wurden die 1914 aufgenommenen Bauarbeiten am Abwasserkanal für Duisburg, Mülheim und Oberhausen zur Entlastung der Ruhr 1925 beendet. In der Emscherzone kam zwischen 1923 und 1928 vorübergehend der vor 1914 begonnene Bau von Kläranlagen wieder in Gang. In kleineren Gemeinden wie Monschau, wo die Bewohner bisher ihre Abfälle noch in die durch das Städtchen fließende Rur geworfen hatten, wurde jetzt eine kommunale Müllabfuhr eingerichtet. Am Niederrhein verringerte die Begradigung der Niers 1927 deren Belastung mit Schadstoffen, was ebenfalls schon vor dem Ersten Weltkrieg diskutiert worden war.

Auch die öffentliche Diskussion über »Rauchschäden« flammte kurzzeitig wieder auf. Der Siedlungsverband Ruhrkohlenbezirk setzte 1924 eine Kommission dazu ein. Gleichzeitig thematisierte der Verband den katastrophalen Zustand der noch verbliebenen Wälder im Revier. Doch nicht nur in öffentlichen Körperschaften, auch in der Bevölkerung selbst regte sich etwas. In Duisburg mobilisierte ein Bürgerverein während der späten 1920er-Jahre derart massive Proteste gegen die Emissionen einer Kupferhütte, dass die Presse schon vom »Duisburger Luftkrieg« sprach. Selbst Industriearbeiter und ihre Organisationen entdeckten das Thema Umwelt. Die KPD versuchte damit im Ruhrgebiet ihre Propagandamaschine gegen die Unternehmer zu munitionieren. So von Linksaußen unter Druck gesetzt, zog auch die SPD im Revier nach. Im August 1929 forderte die sozialdemokratische *Herner Volkszeitung*: »Nicht der Geldsack der Industrie, sondern die Gesundheit des Volkes als das höchste Gut der Nation muß […] tatkräftig geschützt werden.«

Kommunale Behörden reagierten auf diese Regungen in der Gesellschaft vorübergehend mit neuen umweltpolitischen Aktivitäten. In Duisburg etwa trat 1928 zum ersten Mal ein Arbeitsausschuss verschiedener städtischer Behörden »zur Bekämpfung von Rauch und Ruß« zusammen. Beim Dortmunder Gesundheitsamt wurde im Jahr darauf eine Stelle eingerichtet, die gegen Luftverschmutzer vorgehen sollte. Den Worten folgten zeitweise sogar Taten. Ende der 1920er-Jahre stand selbst die behördliche Praxis, einem einmal genehmigten Gewerbebetrieb keine weiteren Auflagen zu machen, in einigen Fällen zur Diskussion. Als sich Bochumer Anwohner eines Montanbetriebes beschwerten, der neuerdings aschereiche Schlammkohle verfeuerte, drohten Gewerbeinspektor und Polizeiverwaltung dem Betrieb sogar mit einer Schließung, wenn nicht »Vorkehrungen zur Beseitigung der durch die Flugasche hervorgetretenen Mißstände« getroffen würden. In Aachen dekretierte der Bürgermeister Ähnliches, und in Eschweiler kam es 1929 tatsächlich zur behördlich verordneten Stilllegung einer Kalkmühle, deren Staubemissionen die Umgegend verpesteten. Konrad Adenauer plante als Kölner Oberbürgermeister noch Anfang 1930 aus dem gleichen Grund sogar einen Prozess gegen die gesamte rheinische Braunkohleindustrie.

Daraus wurde freilich nichts mehr. Denn in den frühen 1930er-Jahren waren die aus wirtschaftlicher Sicht einigermaßen »guten Jahre« schon wieder vorbei. Die Weltwirtschaftskrise erreichte die Region. Mit ihr kehrte die Massenarbeitslosigkeit der ersten Nachkriegszeit zurück, nur jetzt in noch wesentlich größerem Maßstab. Unternehmen kollabierten, und weil die Gewerbesteuereinnahmen deshalb zurückgingen, versagten auch die aus öffentlichen Geldern geknüpften sozialen Netze. Umweltschutz wurde unter diesen Umständen erneut zu einem Luxus, den man sich nicht mehr leisten konnte und wollte.

Resigniert stellte ein ehemaliger Gelsenkirchener Bürgermeister 1931 fest, dem »Rauch- und Abgasproblem im Ruhrgebiet« sei momentan kaum beizukommen. Denn unter den Bedingungen der Wirtschaftskrise freue die Bevölkerung »sich doch über jeden noch rauchenden Schornstein«. Diese Erfahrung machten auch die Mitarbeiter des Siedlungsverbandes Ruhrkohlenbezirk. Schon 1927 hatten sie in einer *Denkschrift über die Walderhaltung* im Revier betont, keine Aussicht auf Erfolg dürften wohl »zu weitgehende Forderungen« haben, die zur Stilllegung von Betrieben »und damit zu einer Vermehrung der Massenarbeitslosigkeit im Bezirk führen« würden. 1932 stellte die acht Jahre zuvor eingesetzte Rauchschadenskommission des Verbandes »in Anbetracht der Zeitverhältnisse« ihre Tätigkeit konsequenterweise wieder ein. Sie reflektierte damit auch das seit Beginn der Weltwirtschaftskrise fast völlig verschwundene Interesse an den Umweltproblemen, ob an der Ruhr oder anderswo in der Region. Denn Beschwerden über Rauchschäden gingen aus der Bevölkerung seitdem praktisch keine mehr ein, schließlich »rauchte ja auch – leider Gottes – kaum noch irgendwo ein Schornstein«.

## Naturschutz und Nation

Die große Wirtschaftskrise Anfang der 1930er-Jahre war nicht der erste Zeitabschnitt, in dem zwischen den Weltkriegen kaum noch Rauch aus den Schornsteinen waberte. Bereits 1923 hatten die meisten Industriebetriebe zumindest im Ruhrgebiet ihre Tätigkeit für mehrere Monate fast vollständig eingestellt. Im Frühjahr dieses Jahres unterbrach das Deutsche Reich die Reparationszahlungen für den Ersten Weltkrieg. Die Siegermächte Frankreich und Belgien reagierten mit einer Besetzung des Ruhrgebiets. Die deutsche Reichsregierung rief daraufhin die Ruhrbevölkerung zum passiven Widerstand gegen die Besatzer auf. Monatelang standen die Zahnräder der Zechentürme still, blieben die Hochöfen der Stahlwerke kalt. Und in dem Maß, in dem es um die sonst so geschäftigen Industrieanlagen plötzlich still wurde, fehlten auf einmal auch die Rauchschwaden, der Ruß und die Abgase.

Im Sommer 1923 bot sich den Bewohnern des rheinisch-westfälischen Industriegebiets deshalb der ungewohnte Anblick eines blauen Himmels über der Ruhr. Woran Ältere aus ihrer Jugend nur noch unscharfe Erinnerungen hatten, während Jüngere es gar nicht kannten, wurde plötzlich Wirklichkeit: Die Dunstglocke über dem Ruhrgebiet hob sich. Statt des alles umhüllenden, gewohnten Grauschleiers dominierten strahlende Farben den Sommer des Jahres 1923 im Revier. Zeitgenössische Betrachter registrierten mit Erstaunen, wie »Laub bis weit in den Herbst hinein grün blieb, während es sonst bereits im Vorsommer welke Blätter aufwies.« In den Schrebergärten zeigten die als sehr rauchempfindlich geltenden Kartoffeln »überall eine so große Blühwilligkeit, wie man sie seit langem nicht mehr kannte.« Rot leuchteten Erdbeeren und Kirschen, »die sonst ständig mit einer dünnen Schicht von Ruß, Flugstaub und teerigen Bestandteilen beschmutzt waren«, und Salat ließ sich statt wie üblich zweimal in diesem Jahr dreimal »mit selten hohen Erträgen« ernten.

Im Herbst endete der »Ruhrkampf«. Die Berliner Regierung hatte sich immer weniger in der Lage gezeigt, den passiven Widerstand in der Region materiell zu unterstützen. Nun lenkte sie im Streit mit den Besatzungsmächten ein. Die ausgehungerten Menschen nahmen mit Erleichterung die Arbeit wieder auf. Hochöfen wurden angeblasen, Zahnräder in Betrieb gesetzt. Aus den Schornsteinen rußte und rauchte es wieder, und die Dunstglocke über dem Industriegebiet kam zurück.

Doch die Erinnerung an die strahlenden Farben des Sommers 1923 verblasste nicht ganz. In den nächsten Jahren trug sie zu Bemühungen bei, die Umweltsituation zu verbessern. Die meisten davon entfalteten keine langfristige Wirkung. Die schon beschriebenen Initiativen aus der Bürgerschaft, den Parteien und den Behörden während der zweiten Hälfte der 1920er-Jahre verkümmerten, als sich die wirtschaftliche Lage verschlechterte. Die Rauchschadenskommission des Siedlungsverbandes Ruhrkohlenbezirk lag jahrelang in den Wehen, bevor sie mit ihrem Abschlussbericht 1928 eine Maus gebar: Da es kein Mittel gebe, die »so schädliche schweflige Säure aus den Rauchgasen von Feuerungsanlagen zu entfernen«, müsse die Natur in der Umwelt von Industrieanlagen eben diesen angepasst werden – etwa indem man zukünftig »säurefeste Baumarten« pflanzte.

Nicht zufällig waren es Bäume, um die man sich die größten Sorgen machte. Der »Ruhrkampf« hatte den Bewohnern des rheinisch-westfälischen Industriegebiets 1923 nicht nur für wenige Monate einen ungewohnt blauen Himmel beschert. Er hatte auch, angesichts des fast völligen Ausfalls der Kohleförderung, zu einem eklatanten Mangel an Brennstoff geführt, dessen Folgen wesentlich länger zu spüren waren. Denn als Ersatz hatten die Menschen, ob legal oder illegal, im Revier massenweise Bäume gefällt, um kochen und heizen zu können. Die Folgen dieses Kahlschlags ließen sich nicht so schnell wieder beheben – zumal sie eine Entwicklung beschleunigten, die nun aus »nationalen« Gründen als Problem erschien.·

Das Ruhrgebiet ist im Lauf der Industrialisierung arm an Wald geworden. In Bochum und Mülheim hatte sich die Waldfläche schon zwischen den 1880er-Jahren und dem Beginn des Ersten Weltkrieges mehr als halbiert. In Gelsenkirchen gab es während der 1920er-Jahre sogar kaum noch Wald. Diese Reste drohten nun auch noch zu verschwinden: »In letzter Stunde« warnte der Siedlungsverband in der *Denkschrift über die Walderhaltung* davor, »wie weit das Sterben der Wälder im Ruhrbezirk bereits fortgeschritten ist und wie dringend notwendig sofortige Abhilfe im öffentlichen Interesse ist.«

Denn während verstärkt abgeholzt wurde, wuchs kaum etwas nach. An den Jahresringen gefällter alter Bäume ließ sich ablesen, dass deren Wachstum seit Beginn der Industrialisierung massiv abgenommen hatte. Vierzig Jahre alte Eichen in Herten waren gerade einmal ein Zehntel so hoch wie gleichaltrige Bäume in »rauchfreier« Umgebung. Die Sorge galt dabei gar nicht so sehr dem Wald als Wirtschaftsfaktor, sondern seiner »Bedeutung für die Volksgesundheit«. Diese lag, so der Direktor des Siedlungsverbandes Ruhrkohlenbezirk in der *Denkschrift über die Walderhaltung*, »in der seelischen und körperlichen Gemeinschaft zwischen Mensch und Wald, die insbesondere dem deutschen Volke von jeher Kraft und Phantasie gegeben hat. Ohne diesen Wald würden wir körperlich und geistig veröden«.

In salbungsvollen Worten wurde der Wald damit zum »nationalen« Kulturgut stilisiert. In ihm und mit ihm sollten die Deutschen sich in jeder Hinsicht regenerieren. Während es vor dem Ersten Weltkrieg vor allem die Besitzer der Wälder gewesen waren, die gegen deren Zerstörung durch industrielle Emissionen klagten, so wurde »der« Wald jetzt zum nationalen Jungbrunnen, seine Rettung Mittel zum Zweck von nationaler Wiedergeburt und nationalem Wiederaufstieg. Es waren keineswegs nur rechte und konservative Kreise, die das wieder und wieder betonten. Auch der sozialdemokratische Minister für Volkswohlfahrt in Preußen beschwor in seinem Vorwort zur *Denkschrift über die Walderhaltung* des Siedlungsverbandes die heilende Kraft des »deutschen Waldes«. Die Reichsregierung, geführt von einer Koalition aus Liberalen und der katholischen Zentrumspartei, bewilligte 1925 aus demselben Grund Geldmittel »für Forstschäden«, die zu großen Teilen in das rheinisch-westfälische Industriegebiet flossen.

Nationale Stimmungen, durch den verlorenen Ersten Weltkrieg noch weiter verbreitet und verallgemeinert, verbanden sich nun immer stärker mit der Thematisierung von Umweltfragen. Diese wurden jetzt zunehmend als gesamtgesellschaftliches Anliegen artikuliert, während sie vor dem Krieg eher als Ausdruck von sozialen Interessengegensätzen verstanden worden waren. Zwar bestanden diese Interessengegensätze durchaus weiter fort. Sie wurden aber stärker als vorher mit Kategorien wie »Nation« und »Volk« verbrämt. So stellten Kommunisten ebenso wie die schon zitierte sozialdemokratische *Herner Volkszeitung* »die Gesundheit des Volkes als das höchste Gut der Nation« rhetorisch dem Interesse der »Geldsäcke« gegenüber. Selbst die naturwissenschaftlich-technischen Experten der Zeitschrift *Rauch und Staub* geißelten die Schäden durch Emissionen 1926 mit fast schon theologischer Begrifflichkeit als »strafbare Versündigung an unserem Volke«. Solche volkstümelnd-nationale Rhetorik brachte den jetzt mit markigeren Worten geforderten »Kampf« gegen Umweltbelastungen zwar in der Praxis nicht unbedingt voran. Sie begleitete allerdings den sich zwischen den Kriegen vollziehenden Aufstieg der Naturschutzbewegung.

So gelang es dem 1915 gegründeten Westfälischen Heimatbund während der Besetzung des Ruhrgebiets nicht nur, durch antifranzösische Kundgebungen 1923 deutschlandweit Aufmerksamkeit zu erregen. Der Bund mobilisierte für seinen Westfalentag im gleichen Jahr auch über 10 000 Menschen als Teilnehmer. Natur- und Heimatschutz wurden auf solchen Kundgebungen in Reden eng mit der Verteidigung nationaler Interessen verknüpft. So hieß es etwa, die französischen Besatzer störten bewusst »die pastorale Innigkeit unseres busch- und heckendurchgürteten Tieflandes«. Wenn französische Besatzungssoldaten Bäume fällten, so sei das eine zielstrebige Attacke auf die »deutsche Volkskraft« – wobei geflissentlich ignoriert wurde, dass Deutsche an der Ruhr 1923 deutlich häufiger zur Axt griffen, um sich mit Brennholz zu versorgen. Denn die »Schändung« des deutschen Waldes gehörte mit der deutscher Frauen und den Bedingungen des Versailler Friedensvertrags zu einer langen, unzusammenhängenden Liste von Vorwürfen, mit denen Naturschützer vor Ort sich an dem rhetorischen Dauerfeuerwerk gegen den »Erbfeind« Frankreich beteiligten. Durch diese Beteiligung an dem nationalen »Abwehrkampf« gewannen sie gerade im Westen des Deutschen Reiches mehr Unterstützung als zuvor.

Die Natur- und Heimatschutzbewegung war schon gegen 1900 aufgekommen. Vor dem Ersten Weltkrieg hatte sie aber noch relativ wenig Wirkung entfaltet. 1898 regte der aus Lippstadt stammende Liberale Wilhelm Wetekamp im preußischen Abgeordnetenhaus an, Nationalparks nach US-amerikanischem Vorbild einzurichten. Doch erst 1906 war mit der Stelle für Naturdenkmalpflege eine halbstaatliche Einrichtung gebildet worden, die den Naturschutzgedanken aufgriff. Rheinische und westfälische Provinzialkomitees der Stelle entstanden wenige Jahre später. Deren Aktivitäten blieben allerdings weitgehend hinter den anfänglichen Vorstellungen zurück: Statt für die Einrichtung großer Landschaftsschutzgebiete Lobbyarbeit zu betreiben, konzentrierten die Provinzialkomitees sich zunächst auf eine Bewahrung knorriger Einzelbäume und bizarrer Felsformationen. Und selbst in dieser Hinsicht entwickelten sie vor dem Ersten Weltkrieg nur bescheidene Aktivitäten.

Teilweise in enger personeller Verbindung mit der Naturdenkmalpflege, teilweise in Konkurrenz zu ihr entstanden aus der Zivilgesellschaft heraus zahlreiche weitere Organisationen, die mehr oder weniger direkt dem Naturschutz verbunden waren. Dazu gehörte etwa der 1898 in Münster gegründete Bund für Vogelschutz, die erste Keimzelle des heutigen NABU. Der schon seit 1888 bestehende Eifelverein betrieb anfänglich vor allem Wirtschaftsförderung, entdeckte aber nach der Jahrhundertwende den aufkommenden Wandertourismus als neues Tätigkeitsfeld. Einige seiner Ortsverbände kauften kleinere Waldgebiete auf, um sie zu bewahren. Während im Eifelverein eher das Bürgertum dominiert, bildete sich mit den »Naturfreunden« 1911/12 auch eine mehr proletarische Organisation für das Rheinland und Westfalen. Sie gewann freilich erst nach dem Krieg größere Bedeutung.

Das Gleiche galt für die Heimatschutzbewegung. Ihr 1906 entstandener rheinischer Ableger, der Verein für Denkmalpflege, weitete sein Tätigkeitsfeld erst 1915 auf Landschaftsschutz aus. Im gleichen Jahr wurde der Westfälische Heimatbund gegründet. Allein der seit 1908 bestehende kleine Lippische Bund für Heimatschutz und Heimatpflege machte schon 1913 mit dem Entwurf eines Gesetzes Furore, das neben dem Erhalt einer »bodenständigen Bauweise« der »Verschandelung« von Landschaft durch Reklame vorbeugen und Wälder unter Schutz stellen sollte. Die vom Kriegsausbruch unterbrochenen Beratungen darüber führten dann 1920 zum Lippischen Heimatschutzgesetz, dem ersten in ganz Deutschland.

Der Begriff Heimatschutz deutet bereits an, dass die Konservierung traditioneller Lebensweisen dabei mindestens so wichtig war wie das Bemühen um Bewahrung vermeintlich unberührter Natur. Natur- und Heimatschützer setzten sich für vielerlei ein. Fachwerkbauten und Volkstänze gehörten ebenso dazu wie »Licht und Luft« in Industriegebieten. Sie konnten sich gleichermaßen für die Erhaltung von Wäldern als Naherholungsgebiete begeistern wie für pittoreske Findlinge und Moore. Rückwärtsgewandte Romantik gab es unter ihnen genauso wie vorausschauende Auseinandersetzung mit den Problemen der modernen Industriegesellschaft. Deshalb fällt es schwer, Natur- und Heimatschutz in eine Schublade zu stecken. In der Zeit der Weltkriege verband er sich allerdings meist mit nationalistischen Positionen – die damals nicht nur Konservative teilten. So wurden Alleen, Waldwege und Naturdenkmäler generell gerne zu Stätten der Erinnerung an Kriegstote und Orte nationaler Regeneration stilisiert.

Das verschaffte dem Natur- und Heimatschutz nicht nur öffentliche Aufmerksamkeit. Es führte auch dazu, dass die Beziehungen zwischen seinen Befürwortern und staatlichen Institutionen seit dem Ersten Weltkrieg stärker wurden. Der Erfolg des Lippischen Heimatschutzgesetzes 1920 ist dafür nur eines von vielen Beispielen. Mitte der 1920er-Jahre wurden auch die Bindungen der Naturdenkmalpflege in Westfalen und dem Rheinland an den Staat enger. Ihre Finanzierung wurde weitgehend von den Provinzialverbänden übernommen. Teile der zivilgesellschaftlichen Vereine suchten ebenfalls engeren Kontakt zur staatlichen Verwaltung und umgekehrt. So übernahm der rheinische Landeshauptmann Johannes Horion 1924 den Vorsitz des Deutschen Bundes Heimatschutz. Der Direktor des Provinzialmuseums für Naturkunde in Münster, Hermann Reichling, koordinierte neben dem nun in öffentliche Trägerschaft übergegangenen westfälischen Provinzialkomitee für Naturdenkmalpflege seit 1926 auch die Aktivitäten des zuständigen Ausschusses im Westfälischen Heimatbund. Das ermöglichte eine Koordination des naturschützerischen Engagements, die nicht ohne Auswirkungen blieb.

Insbesondere die unter Reichlings Ägide erreichten Fortschritte konnten sich sehen lassen. Zwischen 1926 und 1933 wurden in Westfalen Dutzende von Naturschutzgebieten ausgewiesen – mehr als in jeder anderen preußischen Provinz. Im dichter besiedelten Rheinland blieb die Bilanz zwar deutlich dürftiger. Immerhin gelang es hier aber, 1922 das Siebengebirge unter Naturschutz zu stellen. Auch im Ruhrgebiet nahmen die Bemühungen der Naturschützer neue Fahrt auf: Die von mehreren Revierstädten 1910 gebildete Grünflächenkommission, die bei Beginn des Ersten Weltkrieges ihre Tätigkeit praktisch eingestellt hatte, erstand im Rahmen des 1920 gegründeten Siedlungsverbandes Ruhrkohlenbezirk neu. Der Siedlungsverband stoppte etwa die

Abholzung von Wäldern und subventionierte private Neuanpflanzungen auf seinem Gebiet.

Die Grenzen dieser Bemühungen sind allerdings offensichtlich. Die Versiegelung des Bodens im Revier nahm insgesamt zwischen den Kriegen nicht ab, sondern weiter zu. In einigen Städten, wie Bochum und Dortmund, wuchs der Anteil von bebauten und Verkehrsflächen sogar noch schneller als vor 1914. Gegen die Zunahme der Emissionen von Industrie und Privathaushalten kämpften Natur- und Heimatschützer auf verlorenem Posten. Viele von ihnen stellten diese Aktivitäten deshalb weitgehend ein. Aber auch in ländlicheren Regionen blieben Frustrationen nicht aus. Erfolge bei der Ausweisung von Naturschutzzonen ließen sich nahezu ausschließlich auf Flächen erzielen, die der öffentlichen Hand gehörten.

Während der Naturtourismus aus den Industriemetropolen, der Mitte der 1920er-Jahre erneut in Fahrt kam, von Aktivisten des Heimatschutzes zunächst begrüßt wurde, folgte bald Ernüchterung. Denn die Großstädter, meinte etwa der naturbewegte Altenaer Lehrer Wilhelm Lienenkämper desillusioniert, suchten auf dem Land keine stille Einkehr. Stattdessen zögen sie an den Wochenenden lärmend durch die Wälder. Der touristische Betrieb in den Dörfern zerstöre zudem die dort noch vorhandenen traditionellen Strukturen: Die Konsummentalität der Besucher aus den Städten wirke ansteckend und führe dazu, klagte Lienenkämper, dass selbst zum Kuhmelken antretende Mägde »ihren Dienst nur noch in Seidenstrümpfen« verrichten wollten.

Die Auswirkungen der Weltwirtschaftskrise ließen Ende des Jahrzehnts dann zwar den Naturtourismus wieder abflauen. Mit der Krise ging aber auch das Interesse am »Heimatschutz« zurück, öffentliche Mittel dafür versiegten weitgehend. Frustration über die Grenzen des eigenen Erfolgs hatte jedoch schon vorher bei manchen Naturschutzbewegten zu einer Abkehr von ausgetretenen Pfaden geführt. Die Zusammenarbeit mit der öffentlichen Hand geriet angesichts der Zurückhaltung der Weimarer Republik, eine ohnehin schon fragile Ökonomie durch ökologische Experimente zu belasten, zunehmend in die Kritik. In Lippe etwa führte die Weigerung der Detmolder Regierung, rund um das Hermannsdenkmal auf die Bewirtschaftung der Staatswälder zu verzichten, bereits 1925 zur Abspaltung einer Lippischen Naturschutzvereinigung vom regionalen Bund für Heimatschutz. Der Vorsitzende der Vereinigung führte ab 1930 die lippische NSDAP. Auch im Deutschen Heimatbund machten sich Anfang der 1930er-Jahre wachsende Zweifel am bisherigen Kurs der Naturschutzbewegung breit. Dessen Hauptversammlung distanzierte sich 1932 mehrheitlich von der Beschränkung auf »Erhaltung« einzelner Naturdenkmäler und sprach sich stattdessen für ein aktiveres »Gestalten des deutschen Lebensraumes« aus.

### Grün und Braun

Das Jahr 1933 markierte keinen tiefen Einschnitt in der Umweltgeschichte des rheinisch-westfälischen Raumes. Umweltfragen führten auch unter dem Nationalsozialismus in Gesellschaft und Politik ein Schattendasein. Und im Verhältnis von Staat und Naturschützern änderte sich ebenfalls relativ wenig. Grün und Braun waren damals keine Gegensätze: Wie sich im Herbst 1933 das meiste Grün in den Wäldern zwischen Maas und Weser braun färbte, arrangierten sich viele Naturschützer schnell mit dem neuen nationalsozialistischen Regime.

Zwar waren nur wenige von ihnen vor der nationalsozialistischen Machtübernahme Parteimitglied gewesen. Die große Mehrheit wurde das aber nun. Wilhelm Lienenkämper in Altena war ein repräsentativer Fall. Wie viele engagierte Naturschützer trat er im Frühjahr 1933 der NSDAP bei. Im Herbst ließen sich der Westfälische Heimatbund und seine lippischen und rheinischen Pendants gleichschalten. Lienenkämper begrüßte das ausdrücklich.

Hier und da verlief der Übergang in die nationalsozialistische Ära nicht ganz so reibungslos. Das war vor allem an der Spitze der Naturschutzorganisationen der Fall. Der Leiter des Rheinischen Vereins für Denkmalpflege und Heimatschutz, Josef Busley, wurde nach der Gleichschaltung des Vereins abgesetzt. Hermann Reichling, der Geschäftsführer des westfälischen Provinzialkomitees für Naturdenkmalpflege, verlor diese Position 1933 ebenfalls. Wie Busley wurde er durch ein langjähriges NSDAP-Mitglied ersetzt. Zeitweilig war Reichling sogar Gefangener in einem Konzentrationslager.

Die Versuchung ist groß, aus solchen Befunden Geschichten zu konstruieren, die einerseits vom standhaften Widerstehen einer kleinen Minderheit, von Fanatismus und gedankenlosem Mitläufertum der großen Mehrheit andererseits handeln. Doch die historische Realität war etwas komplexer als solche Schwarz-Weiß-Konstruktionen. Für offenen oder verdeckten Widerstand etwa Hermann Reichlings gegen die Nationalsozialisten gibt es keine Belege. Seine Stelle verlor er aufgrund von Denunziationen, deren Urheber durch persönlichen Ehrgeiz und inhaltliche Differenzen über die Ausrichtung der Naturschutzarbeit, nicht aber politisch motiviert waren.

Wilhelm Lienenkämper, der in diesem Zusammenhang auch eine Rolle spielte, trat nicht zuletzt deswegen der NSDAP bei, weil er sich davon Möglichkeiten zu verstärktem Engagement im Naturschutz erhoffte. Ganz offen erklärte er 1937, ein zwischenzeitlich übernommenes Parteiamt wieder niederlegen zu wollen, »da es den ursprünglichen Zweck – die Beurlaubung vom Brotberuf zu erwirken – erfüllt hat, und da ich mich meiner eigentlichen Lebensaufgabe, dem Naturschutz, ausschließlich widmen möchte«. Denn durch die parteipolitische Tätigkeit war es ihm endlich gelungen, sich von seinem ungeliebten Beruf als Lehrer freistellen zu lassen.

Neben solchen pragmatischen Motiven hegten Naturschützer oft die Hoffnung, dass die Nationalsozialisten ihrem Anliegen näher standen, als das tatsächlich der Fall war. So erwartete Lienenkämper 1933 von Hitler eine Aufwertung des Naturschutzes: Nun sei »Heimatarbeit nicht mehr eine Angelegenheit einiger Interessenten; sie ist aus ihrer Abseitsstellung in den Mittelpunkt der Kulturpolitik des Reichs gerückt.« Diese Erwartungen schienen sich zunächst sogar zu erfüllen. Als das nationalsozialistische Regime die Zuständigkeit für den Naturschutz 1934 in Preußen von den Provinzialverbänden auf die staatliche Verwaltung übertrug, wurden erstmals auch auf Bezirks- und Kreisebene Kommissariate dafür eingerichtet. Engagierte Naturschützer wie Lienenkämper übten fortan ihre Tätigkeit nicht mehr nur als bloße Vorsitzende eines Vereins, sondern im Rahmen eines Staatsamtes aus.

Vor allem aber knüpften sich an das 1935 verabschiedete Reichsnaturschutzgesetz große Erwartungen. Das Gesetz bestätigte nicht nur die Einrichtung von Naturschutzstellen auf den unteren Ebenen der Staatsverwaltung, die im Rheinland und in Westfalen bereits im Jahr davor durchgeführt worden war. Es verpflichtete auch sämtliche Behörden, diese Stellen »vor allen Genehmigungen von Maßnahmen und Planungen, die zu wesentlichen Veränderungen in der Landschaft führen können«, zu beteiligen. Außerdem erweiterte das Gesetz die Definition von dem, was in der Natur zukünftig als schützenswert gelten sollte. Dazu zählten nun nicht mehr nur einzelne Naturdenkmäler und eng umrissene Naturschutzgebiete, sondern alle »Landschaftsteile«, deren Erhaltung »wegen ihrer Seltenheit, Schönheit, Eigenart oder wegen ihrer wissenschaftlichen, heimatlichen, forst- oder jagdlichen Bedeutung im allgemeinen Interesse« liege.

Obwohl das recht vage formuliert war, löste es unter engagierten Naturschützern ein enthusiastisches Echo aus. In Westfalen jubelte Wilhelm Lienenkämper, das Dritte Reich habe damit endgültig »die Naturschutzbewegung aus ihrer Aschenbrödel-Stellung« befreit. Der Schriftführer des Rheinischen Vereins für Denkmalpflege und Heimatschutz Hans Kornfeld meinte: »Als am 26. Juni 1935 das Reichsnaturschutzgesetz verkündet wurde, fiel den Naturfreunden ein Stein vom Herzen. Ihre jahrzehntelangen Bemühungen hatten endlich die Resonanz gefunden, die eine bis dahin allgemein als Liebhaberei verstandene Naturpflege zu einer Verpflichtung für das ganze Volk erhob. Dem nationalsozialistischen Staat, der sich auf Blut und Boden gründet, blieb es vorbehalten, das Reichsnaturschutzgesetz zu erlassen. Wiederholt hatte sich das ›parlamentarische System‹ darum bemüht, aber es fehlten die geistigen Voraussetzungen, um es Wirklichkeit werden zu lassen.«

Tatsächlich war ein solches Gesetz bereits in der Weimarer Republik wiederholt beraten worden, aber nie zustande gekommen. Mehrere Jahrzehnte hatten die Naturschützer sich im Geschäft parlamentarischer Lobbyarbeit aufgerieben, waren ihre Anliegen zwischen rivalisierenden Interessengruppen unter die Räder gekommen. Nun schien die Diktatur sie mit einem Federstrich ans Ziel ihrer Wünsche gebracht zu haben. Die Durchsetzung naturschützerischer Ziele »von oben«, mit den autoritären Mitteln des »totalen Staats«, war nach den frustrierenden Erfahrungen der Ochsentour zivilgesellschaftlichen Engagements der vergangenen Jahre eine verlockende Aussicht.

Das galt umso mehr, als sich damit endlich die Möglichkeit zu eröffnen schien, eine in vieler Hinsicht als verfahren angesehene gesellschaftliche Entwicklung grundlegend zu korrigieren.

Bisher hatten Natur- und Umweltbewegte notgedrungen kleine Brötchen gebacken. Hier eine alte Eiche davor bewahren, für eine neue Straße gefällt zu werden, dort wenigstens einige Teile eines Biotops vor der Zerstörung durch den Bau von Industriegebieten retten – darauf hatten sie sich bislang beschränken müssen. Doch das erschien vielen immer mehr als Herumdoktern an Symptomen. Karl-Friedrich Kolbow, seit 1933 Landeshauptmann von Westfalen und Vorsitzender des Westfälischen Heimatbundes, wollte die kleinräumige Naturdenkmalpflege durch eine weiträumige Landschaftsplanung ablösen, die Kultur und Natur, Industrie und Landwirtschaft, Mensch und Umwelt in Einklang miteinander bringen sollte. »Die ganze Landschaft soll es sein«, forderte auch ein rheinischer Heimatschützer 1934: »Die Idee des totalen Staates, in die wir hineinwachsen, ist wesensverwandt mit der Art, wie wir Raum und Landschaft heute empfinden und sehen wollen.«

Von diesen gedanklichen Höhenflügen wurden die Naturschützer in der Region freilich bald wieder auf den harten Boden der Realität heruntergeholt. Denn natürlich waren die Landschafts- und Naturschutz entgegenstehenden Interessen 1933 nicht plötzlich verschwunden. Statt nach dem relativ klaren Regelwerk des Parlamentarismus wurden die Interessengegensätze jetzt lediglich im byzantinischen System des Nationalsozialismus ausgetragen, in dem Vetternwirtschaft und schwer zu durchschauende Klientelstrukturen herrschten. Die Position der Naturschützer hatte sich damit tatsächlich nicht unbedingt verbessert.

Die Bestimmungen des Reichsnaturschutzgesetzes waren ihnen auch keine große Hilfe, standen diese doch größtenteils nur auf dem Papier. In der Praxis ignorierten die meisten Behörden die im Gesetz festgeschriebene Verpflichtung, bei allen »wesentlichen« landschaftsverändernden Planungen die Naturschutzstellen zu beteiligen. Die Spatenkolonnen des 1935 gegründeten Reichsarbeitsdienstes, die in blindem Aktionismus Moore trockenlegten, kümmerten sich gleichfalls keinen Deut um die Proteste der Naturschützer.

Auch deren Hoffnungen auf eine bessere finanzielle Förderung ihrer Arbeit aus staatlichen Mitteln wurden enttäuscht. Die Integration der Vereinsaktivisten als Bezirks- und Kreiskommissare für Naturschutz in die staatlichen Verwaltungen ging in den meisten Fällen nicht mit einer Bezahlung einher. Es blieb beim »Feierabend-Naturschutz«. Die dort engagierten Ehrenamtler standen unter diesen Umständen gegen professionell organisierte Wirtschaftslobbys und Bürokratien weitgehend auf verlorenem Posten. Auch für Naturschutzprojekte gab es anders als für Autobahnen und Protzbauten kaum Förderung, wie Wilhelm Lienenkämper klagte: »Die Straßen Adolf Hitlers, die Errichtung monumentaler Bauwerke sind repräsentative Werke des Nationalsozialismus, für deren Herrichtung Geld zur Verfügung steht. Die Erhaltung der tatsächlich letzten Reste Urdeutschlands durch das Reichsnaturschutzgesetz ist eine gleich große Kulturtat, die aber ohne genügend Geldmittel nicht zur Durchführung kommen kann.«

Parallel zur Verkündung des Naturschutzgesetzes hatten die Planungen für den Vierjahresplan begonnen, der Deutschland bis Ende der 1930er-Jahre fähig machen sollte, erfolgreich Angriffskriege zu führen. Allen mit diesem Ziel verbundenen Maßnahmen wurde gegenüber dem Naturschutz klare Priorität eingeräumt. So verschwand fast der gesamte lippische Teil der Senne, obwohl Naturfreunde diese einzigartige Heidelandschaft für unbedingt schützenswert hielten, seit 1937 hinter den Zäunen eines Truppenübungsplatzes.

In der Landwirtschaft gewann die Erhöhung der Produktivität im Rahmen der »Erzeugungsschlacht«, durch die Deutschland von Lebensmittelimporten unabhängig gemacht werden sollte, ebenso Vorrang vor den Anliegen der Naturschützer. Diese führten in Westfalen seit Mitte der 1930er-Jahre einen hoffnungslosen »Abwehrkampf« dagegen, dass massenhaft Wallhecken gerodet wurden, um Felder zur besseren Bewirtschaftung durch Maschinen zusammenlegen zu können. 1938 resignierte der zuständige Naturschutzbeauftragte deshalb weitgehend. Er und die Mehrheit seiner Kollegen zogen sich wieder auf den bescheideneren Anspruch zurück, einzelne Naturdenkmäler zu erhalten und Dorfbilder durch Blumenkübel zu verschönern.

Ihre Ambitionen auf eine »Durchgrünung« der Industriestädte, insbesondere des Ruhrgebiets, hatten die Naturschützer zu diesem Zeitpunkt bereits weitgehend begraben. Im Anschluss an das Reichsnaturschutzgesetz war zwar 1936 auch ein Lufthygienegesetz beraten worden. Doch selbst die eigentlich für Immissionsschutz zuständige preußische Landesanstalt für Wasser-, Boden- und Lufthygiene riet von dessen Verabschiedung ab. Denn die »Industrie, die im Zuge des Aufbauwerkes des nationalsozialistischen Staates gegenwärtig in einem Auf- und Umbau begriffen ist, würde durch Maßnahmen, die die Grenzen des wirtschaftlich Tragbaren überschreiten, so behindert werden, daß sie ihren Pflichten gegen Volk und Staat nicht mehr gerecht werden könnte«. Wer Kriege führen will, braucht schließlich Panzer: Die Umstellung auf Rüstungsproduktion war wichtiger als die Reduzierung von Gesundheitsgefährdungen durch Abgase.

Mit dem Beginn des Krieges im September 1939 kamen die meisten Aktivitäten für einen Schutz von Natur und Umwelt ganz zum Erliegen. Kurz zuvor war im Wittener Elektrizitätswerk am Harkortsee noch ein erster Elektrofilter eingebaut worden, um die massiven Staubemissionen des Kraftwerks zu reduzieren. Der Einbau von weiteren Filtern war geplant, wurde aber nach Kriegsausbruch nicht mehr durchgeführt. Für solche Maßnahmen gab es nun keine Rohstoffe mehr, die stattdessen sämtlich in die Rüstungsindustrie flossen. So war die nationalsozialistische Umwelt- und Naturschutzpolitik längst zur Farce geworden, als Hermann Göring mit der Umstellung auf den »totalen Krieg« 1942 die meisten und 1944 praktisch alle Bestimmungen des Reichsnaturschutzgesetzes auch formell außer Kraft setzte.

# »Wirtschaftswunder« und Wohlstandsgesellschaft

## Wiederaufbau

Die ersten Jahre nach dem Ende des Zweiten Weltkrieges waren für Natur und Umwelt im Rheinland und in Westfalen keine gute Zeit. Sie ähnelten darin der Epoche nach dem Ersten Weltkrieg. Anders als nach 1918 spielte nun allerdings Nationalismus dafür keine prominente Rolle mehr. Die Zerstörungen des von den Nationalsozialisten provozierten Krieges hatten großen Teilen der Bevölkerung in der Region nationale Gefühle ausgetrieben. Am Ende des Zweiten Weltkrieges waren Elend und Hunger, unter denen die von Deutschen besetzten Teile Europas jahrelang gelitten hatten, auf ihre Urheber zurückgefallen. Der Untergang des Deutschen Reiches interessierte die meisten Menschen deshalb ebenso wenig wie die Gründung des Landes Nordrhein-Westfalen 1946. Aber auch Aufrufe zur Bewahrung natürlicher Ressourcen fanden kaum ein Echo.

Der gerade entnazifizierte Wilhelm Lienenkämper hatte zwar nicht ganz unrecht, wenn er im traditionellen Pathos der Naturschutzbewegung 1947 meinte: »Die deutsche Seele verlangt nach dem, was immer und ewig mit zu den Brunnquellen ihrer Erneuerung gehört: zu Allmutter Natur.« Aber was die frischgebackenen Nordrhein-Westfalen in der Natur suchten, war doch etwas anderes, als Lienenkämper es sich vorstellte. Die wenigsten Menschen gingen damals in den Wald, um inmitten von Blätterrauschen und Vogelgezwitscher spirituelle Erholung zu finden. Das Interesse der meisten richtete sich vielmehr auf Brennholz – denn anderes Heizmaterial gab es im bitterkalten Jahrhundertwinter 1947/48 kaum. Die jedem Prinzip einer nachhaltigen Forstwirtschaft spottenden, meist illegalen Abholzungen im Rheinland und in Westfalen während der späten 1940er-Jahre übertrafen selbst den gewissenlosen Raubbau an den Wäldern, der bereits unter dem nationalsozialistischen Regime in den Kriegsjahren stattgefunden hatte, und hinterließen noch jahrzehntelang sichtbare Spuren.

Auch in anderer Hinsicht kannte Not kein Gebot. Wie die Versorgung mit Brennstoff reichte auch die mit Nahrungsmitteln während der ersten Nachkriegsjahre in ganz Deutschland nicht aus. Im stark städtisch und industriell geprägten Nordrhein-Westfalen war sie freilich besonders katastrophal. Das führte dazu, dass die Landwirte, die bereits in der nationalsozialistischen »Erzeugungsschlacht« der späten 1930er-Jahre traditionelle Praktiken einer Anpassung an die Bodenverhältnisse weithin ignoriert hatten, diese nun erst recht in den Wind schlugen. Voller Sorge bilanzierte der aus Bocholt stammende Direktor der Zentralstelle für Naturschutz Hans Klose den daraus resultierenden Zustand: »Intensivst genutzte Kleinflächen, ohne Hecke, Baum und Strauch, Vogelarmut ohnegleichen; eine ›Nichts-als-Nutzlandschaft‹ ohne eigenes Gesicht und ohne Landschaftsreize, keine ›Heimat‹ mehr, wie der deutsche Mensch sie nun einmal braucht.« Über die von Klose in den Vordergrund gestellten ästhetischen Wertungen ließ sich zwar streiten. Die massenhafte Beseitigung von Hecken und Gehölzen führte aber besonders in Westfalen zur rapiden Erosion der Böden, denen nun jeder Windschutz fehlte, und zu einer Vermehrung von

Schädlingen, deren gefiederte natürliche Feinde keine Nistplätze mehr fanden.

Die Winde der Nachkriegszeit, die Westfalen in eine Steppe zu verwandeln drohten, bliesen dennoch auch den Naturschützern ins Gesicht. Ihr Festhalten an einer heimat- und volkstümelnden Sprache und Ideenwelt war dabei noch das geringere Problem. Das Arrangement der meisten ihrer Vertreter mit dem Nationalsozialismus wurde ihnen allenfalls von der britischen Besatzungsmacht eine Zeit lang zum Vorwurf gemacht. Beträchtliche Teile der einheimischen Bevölkerung hatten in dieser Hinsicht schließlich ebenfalls keine weiße Weste, und den Rest plagten andere Sorgen. An die Spitze der Naturschutzorganisationen kehrten 1945 außerdem zumindest für gewisse Zeit mit Hermann Reichling in Westfalen und Josef Busley im Rheinland Männer zurück, die 1933 ihre Führungspositionen verloren hatten. Als Reichling nach wenigen Jahren starb und Busley in den frühen 1950er-Jahren aus Altersgründen abtrat, rückte die sich einmal mehr mit einem politischen Systemwechsel arrangierende Generation Lienenkämpers nach.

Personelle Kontinuitäten gingen mit organisatorischen und rechtlichen einher. Die Zuständigkeit der 1953 in Landschaftsverbände umbenannten Provinzialverbände für den Naturschutz blieb nach dem Zweiten Weltkrieg zunächst erhalten. In der Theorie war den landschaftlichen Organisationen zwar eine beim nordrhein-westfälischen Kultusministerium angesiedelte oberste Naturschutzstelle übergeordnet. Diese konstituierte sich jedoch erst Mitte der 1960er-Jahre. Auch das Naturschutzgesetz von 1935 bestand weiter.

Allerdings blieben die traditionellen Handicaps konstruktiver Naturschutzarbeit ebenso erhalten. Die Formulierungen des Gesetzes von 1935 erwiesen sich wie schon in der Diktatur auch in der Demokratie vielfach als zu vage, als dass Behörden sich darauf festnageln ließen. Die noch bis in die 1960er-Jahre überwiegend ehrenamtlich tätigen Naturschützer blieben, was Zeitbudget und Mittel anging, gegenüber Bürokratien und organisierten Interessengruppen im Nachteil. Und in der Gesellschaft fanden sie angesichts der als vorrangig empfundenen Notwendigkeit, ein kriegszerstörtes Land wieder aufzubauen, nach 1945 ein gutes Jahrzehnt lang kaum Gehör.

1951 beschloss der Bundesrat sogar vorübergehend, die nationale Zentralstelle für Naturschutz aufzulösen: Denn der Naturschutz »hemme den Wiederaufbau«. Naturschützer traten seitdem äußerst vorsichtig auf. Gegen die industrielle Entwicklung, die mit dem Boom des seit den späten 1940er-Jahren einsetzenden »Wirtschaftswunders« wieder kräftig Fahrt aufnahm, wagten sie keinen Einspruch mehr. Die erneut zunehmenden Emissionen von Industriebetrieben und die sich ungebrochen fortsetzende Bodenversiegelung für Gewerbeflächen und neue Wohnsiedlungen beklagten sie zwar intern und verbal, setzten ihnen aber kaum wirklichen Widerstand entgegen. Selbst in ihren klassischen Tätigkeitsfeldern passten Naturschützer ihre Argumentationsweise an die heilige Kuh der Zeit, den Vorrang ökonomischer Aufbauarbeit, an: So begründeten sie den Schutz von Wildvögeln während der 1950er-Jahre in Eingaben an Behörden in erster Linie damit, dass diese bei der Bekämpfung von schädlichen Insekten im Agrarsektor ein »Wirtschaftsfaktor ersten Ranges« seien, während sie ihre traditionellen ästhetischen und ethischen Motive für den Vogelschutz unter den Scheffel stellten.

Von einem Gespür für im engeren Sinn ökologische Probleme waren nicht nur Naturschützer, sondern alle Teile der Gesellschaft denkbar weit entfernt. »Umweltbewusstsein war damals ein absolutes Fremdwort«, erinnerte sich später der Schriftsteller Max von der Grün an die 1950er-Jahre. Der langjährige Kölner Landtagsabgeordnete Josef Köllen betonte 1962: »Zu einer ehrlichen Diskussion über die Frage der Luftverschmutzung gehört auch die Erinnerung an das Jahr 1945 [...] Geradezu mit Jubel wurde jeder neue rauchende Schornstein begrüßt.« Denn in der Zeit des Wiederaufbaus galten rauchende Schornsteine als Garanten dafür, dass es nach den Zerstörungen des Zweiten Weltkrieges wieder aufwärts ging. Jede erneut in Betrieb genommene, Rauch und Abgase ausspuckende Fabrik versprach dazu beizutragen, nach den Entbehrungen der Kriegs- und »Trümmerjahre« die Wirtschaft wieder ans »Brummen« zu bringen. Mit den rauchenden Schloten verband sich die Hoffnung, allen Menschen in Nordrhein-Westfalen wieder ein Dach über dem Kopf und einen möglichst reich gedeckten Tisch zu verschaffen. Besonders die Bevölkerung der Ballungsgebiete an Rhein und Ruhr, wo die Kriegsschäden und die existenzielle Not am größten waren, verschwendete deshalb an die ökologischen Folgen des industriellen Wiederaufbaus kaum Gedanken.

Das heißt allerdings nicht, dass es während der 1950er-Jahre in Nordrhein-Westfalen gar keine Bemühungen um einen Schutz der Natur – oder was man dafür hielt – gegeben hätte. Solche Bemühungen zielten freilich überwiegend auf die ländlichen Gebiete. Sie gingen meist von politischen und wissenschaftlichen Eliten aus, vielleicht weil diese von der existenziellen Not der Nachkriegszeit weniger betroffen waren. Unter diesen Eliten gab es auch Sympathien für manche Motive der Natur- und Landschaftsschutzbewegung: Rückzugsräume für gefährdete Tiere und Pflanzen abseits der industriellen Ballungsräume zu sichern und aus ästhetischen Gründen oder Motiven des »Heimatschutzes« bestimmte Landschaften gegen menschliche Eingriffe abzuschirmen. Nicht zuletzt war es ein Ziel, Naturräume vor der sich ausbreitenden Industriegesellschaft zu bewahren und sie zu erhalten für die Regeneration der Menschen, die unter dem als pathologisch begriffenen Prozess der Industrialisierung litten. Langfristig mündeten diese Bemühungen während des nächsten Jahrzehnts in die Einrichtung von Naturparks.

Politische Initiativen hatten jedoch auch wesentlich handfestere Motive. Vollkommen »unberührte« Natur gab es in Nordrhein-Westfalen sowieso kaum mehr. In der politischen Praxis ging es deshalb meist um den Schutz von noch als naturnah angesehenen, forst- und landwirtschaftlich genutzten Räumen außerhalb der Ballungsgebiete. Ökonomische Interessen spielten dabei eine wesentliche Rolle.

So begründete der nordrhein-westfälische Landtag das Gesetz zum Schutz des Waldes 1950 mit dem Argument, Wald sei »wertvollstes Volksgut«. Neben dem Schutz der »Landschaft« und ihrer Bedeutung für die Erhaltung der »Gesundheit des Volkes« wurde der Wert des Waldes gerade darin gesehen, dass er Rohstofflieferant für die Wirtschaft war. Diese Funktion war durch den Raubbau der Kriegs- und Nachkriegszeit in den 1940er-Jahren jedoch infrage gestellt. Der Hauptzweck des Gesetzes bestand darin, einer weiteren »Übernutzung« der Landesforsten einen Riegel vorzuschieben: Der Wald sollte langfristig wieder in die Lage versetzt werden, Ressourcen für Industrie und Gewerbe zu liefern. Außerdem habe er, wie es im Gesetzesentwurf hieß, für die »Bodenfruchtbarkeit« die »größte Bedeutung«.

Ähnliche Ziele verfolgte die wohl größte Baumpflanzaktion in der Geschichte Nordrhein-Westfalens. Zwischen 1949 und 1954 wurden im ländlichen Westfalen mehr als fünfeinhalb Millionen Bäume und Sträucher als Windschutz für Agrarflächen neu gepflanzt. Initiator der Aktion war das Amt für Landespflege in Münster. Die nordrhein-westfälische Landesregierung übernahm einen Teil der Finanzierung. Ausgeführt wurden die Pflanzungen größtenteils von freiwilligen Helfern. Anlass waren die Staubstürme, die infolge der Rodung von Hecken und Gehölzen immer häufiger über Land zogen. 1947 hatte ein solcher Sturm frisch eingepflanzte Kartoffeln im Münsterland an einem einzigen Tag auf mehreren Hektar Land freigeweht. Die Korrektur einer Agrarpolitik, die sich von immer größeren Feldern ohne störende Wallhecken und Bäume höhere Erträge versprochen hatte, lag offensichtlich im ökonomischen Interesse der ganzen Gesellschaft.

Weniger harmonisch ging es beim Streit um den Tagebau im rheinischen Braunkohlerevier Mitte der 1950er-Jahre zu. Hinter den öffentlich heftig umstrittenen Umweltfragen standen ebenfalls handfeste wirtschaftliche Interessen. Auseinandersetzungen entzündeten sich nicht nur an der gewaltigen »Landschaftszerstörung«, die mit dem Übergang zum Tieftagebau einherging. Konflikte entstanden vor allem auch über die Höhe der Entschädigungen, die von den Bergwerksgesellschaften an die durch den Tagebau vertriebenen Landwirte gezahlt werden sollten.

Schutz von Natur und Landschaft verband sich stark mit dem Schutz der Landwirtschaft. Das beeinflusste auch die Prioritäten bei den Bemühungen um die Reinhaltung der Luft. Im 19. Jahrhundert waren Untersuchungen über die Auswirkungen von Rauch und Ruß auf Menschen weit hinter denen auf Rindviecher zurückgeblieben. Daran hatte sich bis in die 1950er-Jahre kaum etwas geändert. Wissenschaftler und politische Entscheidungsträger sorgten sich immer noch hauptsächlich um den Schaden, den Industrieabgase bei Pflanzen und landwirtschaftlichen Nutztieren verursachten. Verhältnismäßig wenig galt ihre Sorge dagegen weiterhin den Gesundheitsschäden, welche die Abgase bei Menschen anrichteten. Ein offizieller Bericht der Bundesregierung zur »Verunreinigung der Luft durch Industriebetriebe« stellte 1957 fest, dass der Wissenschaft für Tiere und Pflanzen ganze Kataloge möglicher Schädigungen durch industrielle Emissionen bekannt waren. Die möglichen Gesundheitsschäden bei Menschen dagegen waren immer noch so gut wie unerforscht.

Eine Ursache für dieses erstaunliche Missverhältnis war sicher, dass die Wirkung von Abgasen auf Pflanzen und Tiere im Laborversuch ermittelt werden konnte, die von Menschen nicht. Ursache war aber auch, dass die betroffenen Landwirte ihre Interessen gegen die Industrie lautstark und gut organisiert zur Sprache brachten, was die Menschen in den Industriegebieten lange Zeit nicht taten.

Zwar gab es aus der Bevölkerung an Rhein und Ruhr immer wieder Klagen über die »Verpestung« der Luft. Staub, Rauch und Abgase wie Schwefeldioxid gaben in den Ballungsräumen genug Anlass dazu. Über ganz Nordrhein-Westfalen gingen in den 1950er-Jahren jährlich 600 000 Tonnen Staub nieder, die Hälfte davon allein im Ruhrrevier. Doch auch fernab der Industriestädte war die Belastung zum Teil erheblich und gab Grund zur Klage. So protestierten im ostwestfälischen Kirchlengern 1954 Anwohner gegen ein Kohle verfeuerndes Elektrizitätswerk, dessen Ascheemissionen die Nachbarschaft mit einem schwarzen Rußschleier überzogen. »Unsere Luft muss besser werden«, titelte die *Westfälische Rundschau* dazu. 1955 forderten die *Ruhr Nachrichten* in markigen Worten für den sprichwörtlichen »Mann auf der Straße«, aber auch die »Frau im Hause«, die ihre zum Trocknen aufgehängte Wäsche nicht mehr in verrußtem Zustand abnehmen wolle, »daß Vater Staat jetzt endlich mit eisernem Besen dazwischenfahren müsse, damit man nicht ›im Dreck umkomme‹.« Im folgenden Jahr kam es sogar zu einer kurzen Debatte im Düsseldorfer Landtag über das Problem einer Reinhaltung der Luft.

Doch alle diese Ansätze verliefen im Sand oder wurden verschleppt. Ein auf Initiative des Landtags gegründeter interministerieller Arbeitskreis legte erst 1957, nach anderthalb Jahren, sein Gutachten vor – nur um die Notwendigkeit weiterer Expertisen zu betonen! Diffuse Zweifel an der Zuständigkeit des Landes reichten aus, um ein Immissionsschutzgesetz zugunsten der Menschen in den industriellen Ballungszentren selbst noch im nordrhein-westfälischen Wahljahr 1958 auf unbestimmte Zeit zu vertagen.

Aus der Masse der städtischen Bevölkerung kam lange Zeit kein kontinuierlicher Druck auf die politischen Entscheidungsträger zustande. In der ersten Hälfte der 1950er-Jahre urteilte ein Stadtmedizinaldirektor aus dem Ruhrgebiet sogar, dort hätten die Menschen sich »mit ›ihrer‹ Industrieluft im allgemeinen nolens volens abgefunden«. Bis zum Ende dieses Jahrzehnts protestierten gerade die Bewohner der industriellen Ballungsräume lediglich sporadisch gegen die Luftverschmutzung. Ihre Proteste wurden auch nur wenig organisiert. Während sich auf dem platten Land noch vergleichsweise breite Schichten für Kundgebungen gegen die wenigen Verursacher von Luftverschmutzungen mobilisieren ließen, beschränkte sich die Rekrutierungsbasis dafür im Ruhrgebiet weitgehend auf die dort nur dünne bürgerliche Oberschicht.

Die Gewerkschaften waren für solche Proteste wie eh und je kaum zu gewinnen. Von Maßnahmen zur Reinhaltung der Luft befürchteten sie nur eine Gefährdung industrieller Arbeitsplätze. Bezeichnenderweise war es 1958 der den Gewerkschaften nahestehende sozialdemokratische Ministerpräsident Fritz Steinhoff, der sich in der Landesregierung am deutlichsten gegen ein Gesetz zum Immissionsschutz aussprach. Auch eine in Wuppertal abgehaltene Veranstaltung des nordrhein-westfälischen Städtetags zum Thema stieß damals noch kaum auf Interesse. Schon als der Geschäftsführer des Siedlungsverbandes Ruhrkohlenbezirk Mitte des Jahrzehnts vorgeschlagen hatte, die industriellen Verursacher der Luftverschmutzung in einer Zwangsgenossenschaft zusammenzuschließen, fand er damit in der Öffentlichkeit insgesamt nur wenig Echo. Begrüßt wurde der Vorschlag lediglich vom nordrhein-westfälischen Landwirtschaftsminister, dem späteren Bundespräsidenten Heinrich Lübke, und vom Landkreistag. Beide waren Vertreter agrarischer Interessen.

Die Auseinandersetzungen um eine Reinhaltung der Luft wurden in Nordrhein-Westfalen während der 1950er-Jahre so fast ausschließlich zwischen Industrie- und Agrarlobby geführt. 1954 klagte der Unternehmensverband Ruhrbergbau, Beschwerden über industrielle Emissionen kämen besonders von landwirtschaftlichen Interessenvertretern. Bei den staatlichen Behörden fänden die Bauern dafür ein offenes Ohr. Die Landwirtschaftskammern beklagten dagegen zwei Jahre später, Entscheidungs- und Expertengremien seien »nicht nur einseitig technisch, sondern einseitig industriezugewandt eingestellt«. Beide Seiten rangen zäh miteinander um die Vertretung in staatlichen Arbeitskreisen und Expertenausschüssen der Behörden.

Diese Konflikte fanden zum größten Teil hinter verschlossenen Türen statt. Die Öffentlichkeit nahm an ihnen selten Anteil. Zu einem politischen Thema wurden sie nicht. Das Engagement der Landesregierung beschränkte sich darauf, zwischen industriellen und landwirtschaftlichen Interessen zu vermitteln. Wirklich hineingezogen in diesen Interessenkonflikt wurden nur die Wissenschaftler der Forschungsinstitute. Beide Seiten mobilisierten Gutachter: Die nordrhein-westfälische Landesanstalt für Bodennutzung arbeitete eng mit den Landwirtschaftskammern zusammen, während die Vereinigung der industriellen Großkesselbesitzer die Kohlenstoffbiologische Forschungsanstalt in Essen finanzierte. Auseinandersetzungen wurden häufig mit harten Bandagen geführt. Einen Zusammenstoß zwischen den Leitern der beiden Forschungsinstitute auf einer Tagung 1958 etwa charakterisierte ein anwesender Zeuge später mit den Worten, beide seien »bildlich gesprochen mit dem blanken Messer« aufeinander losgegangen.

Die Expertisen der Spezialisten wurden zu Waffen im Kampf der konkurrierenden Lobbys. Gegen den deshalb gemachten Vorwurf der Parteilichkeit verteidigten sich die Wissenschaftler der nordrhein-westfälischen Landesanstalt für Bodennutzung 1959 bezeichnenderweise mit den Worten, sie verträten »keine Partei (weder die Industrie noch die Landwirtschaft)«. Die von den Abgasen als erste betroffenen Menschen in den Ballungsräumen galten ihnen damals bezeichnenderweise noch gar nicht als »Partei«, nicht als Beteiligte an diesem Konflikt.

Einige Experten verstiegen sich in den 1950er-Jahren sogar zu der Vermutung, industrielle Emissionen seien für den Menschen vielleicht sogar gesund. Der Verein Deutscher Ingenieure etwa wies in einer Pressemitteilung darauf hin, Winzer am Rhein sähen die Elektrifizierung der Bahnstrecken »gar nicht gern, da der Lokdampf ihren Trauben ein gewisses Etwas verliehen habe.« Auf ähnliche Weise, so wurde gelegentlich argumentiert, könnten die Staubemissionen der Hüttenwerke, die Abgase der chemischen Industrie und die Steinkohlenflugasche Mangelerscheinungen an Mineralien bei Mensch und Tier beheben. Der Duisburger Stadtmedizinaldirektor spekulierte, ob nicht die aus den Schornsteinen der Betriebe geblasenen Schadstoffe in der sie umgebenden Luft zu »homöopathischen Dosen« verdünnt würden, die unter Umständen »einen Nutzen für die Gesundheit darstellen« könnten. Schließlich erreichten Menschen, »die von Geburt an ›Industrieluft‹ geatmet« hätten, »doch oft ein sehr hohes Alter«.

Ein Ausschuss des nordrhein-westfälischen Landtags stellte 1959 zwar richtig, dass Staubemissionen der menschlichen Gesundheit sehr wohl schadeten. Bei Abgasen wie Schwefeldioxid wurde jedoch nach wie vor nur die schädliche Wirkung auf Pflanzen thematisiert. Und noch Anfang 1960 musste ein hoher Beamter der Landesregierung konstatieren, Untersuchungen über gesundheitliche Auswirkungen der Luftverschmutzung hätten »bisher kein eindeutiges Ergebnis gebracht.« Auch darüber, wie die Emissionen sich auf verschiedene Verursacher verteilten, gebe es keine befriedigenden wissenschaftlichen Erkenntnisse. Noch nicht einmal Schätzungen seien möglich. Das werde sich aber wohl bald ändern. Denn jetzt beginne eine breitere Öffentlichkeit, sich für das Thema zu interessieren.

### Eine umweltpolitische Wende

Tatsächlich ereignete sich mit dem Übergang von den 1950er- zu den 1960er-Jahren ein einschneidender Wandel. Nordrhein-Westfalen wurde in dieser Phase auf dem Gebiet der Bundesrepublik Deutschland ein umweltpolitischer Vorreiter, vor allem in der wichtigen Frage der Luftreinhaltung. Der Düsseldorfer Landtag verabschiedete bereits 1962 ein Immissionsschutzgesetz. Dieses Gesetz hatte für die anderen Bundesländer bald Vorbildfunktion. Im selben Jahr wurde die nordrhein-westfälische Landesanstalt für Immissionsschutz gebildet. Sie galt noch fast ein Jahrzehnt später »in ihrer Form und Leistungsfähigkeit« als »einmalig in Europa«, das nordrhein-westfälische Immissionsschutzgesetz als »Pioniertat«. So urteilte jedenfalls Hans-Dietrich Genscher, der damals als Bundesminister des Innern für Umweltfragen zuständig war. Genscher plante 1971, eine Bundesanstalt für Umweltschutz nach dem Modell der nordrhein-westfälischen Landesanstalt zu gründen. Der Plan wurde fallen gelassen, als Düsseldorf der Bundesregierung das Angebot machte, sich stattdessen gleich der größeren Erfahrung und des überlegenen Know-hows der Landesanstalt für Immissionsschutz zu bedienen.

Über Luftverschmutzung wurde in der Öffentlichkeit plötzlich gesprochen und geschrieben wie nie zuvor. Was bisher nur gelegentlich und meist hinter verschlossenen Türen besprochen worden war, entwickelte sich zu einem Dauerthema öffentlicher Diskussionen. Dabei verschoben sich auch die Schwerpunkte, unter denen es behandelt wurde. Die Reinhaltung der Luft wurde von einem Anliegen weniger Lobbyisten zu dem breiter Bevölkerungskreise. Nicht mehr allein Natur- und Landschaftsschutz standen im Mittelpunkt. Das Bemühen um einen Schutz der Menschen in den Industriegebieten gewann an Bedeutung. Für Wissenschaft und Politik trat dieses Bemühen immer mehr in den Vordergrund. Die Wahrnehmung dessen, was gesellschaftlich erwünscht war, verschob sich dadurch fundamental.

Das lässt sich am Beispiel der Phoenix-Rheinrohr-Hütte in Duisburg eindrucksvoll veranschaulichen. Die Phoenix AG hatte 1957 eine Reihe neuer Stahlkonverter in Betrieb genommen. Jeder dieser Konverter blies täglich mehrere Tonnen Staub in die Luft über der Stadt. Der Staub überzog dann Duisburgs Häuser, seine Gemüsebeete und seine Einwohner mit einem grauen Film. Das war durchaus vermeidbar; es gab Filteranlagen, die den Staub zurückhielten. Doch Staubfilter kosteten viel Geld, welches das Unternehmen lieber sparen wollte. Dafür brachte das Gewerbeaufsichtsamt 1957 volles Verständnis auf. Wachstum und wirtschaftliche Rentabilität des Unternehmens hatten oberste Priorität. Die Stahlkonverter durften mit öffentlicher Genehmigung ohne Filter betrieben werden.

1959 begann die Lage sich langsam zu ändern. Wegen zunehmender Beschwerden der Anwohner wollte die Stadt Duisburg eine Nachbarschaftsklage gegen die Phoenix AG unterstützen, damit Staubfilter in die Konverter eingebaut würden. Doch noch sah das staatliche Gewerbeaufsichtsamt keine Möglichkeit zum Einschreiten. Drei Jahre später aber, nach der Verabschiedung des nordrhein-westfälischen Immissionsschutzgesetzes, hatte sich die Situation von Grund auf gewandelt. Phoenix musste nicht nur beim Bau eines neuen Stahlwerks überall Staubfilter einbauen. Das Gewerbeaufsichtsamt erzwang jetzt auch mit der Drohung, sonst das neue Werk nicht zu genehmigen, den nachträglichen Einbau von Filtern in sämtlichen alten Stahlkonvertern des Duisburger Unternehmens. Der gesundheitliche Schutz der Menschen erhielt Vorrang vor größtmöglicher Rentabilität der Wirtschaft.

Am deutlichsten greifbar war die umweltpolitische Wende in der Politik. Zu Beginn der 1960er-Jahre entdeckten auf einmal alle Parteien das von ihnen bisher recht stiefmütterlich behandelte Problem Luftverschmutzung. Staub und Abgase über den Ballungsräumen Nordrhein-Westfalens wurden praktisch über Nacht zu einem vorrangigen Thema für Landes- und Bundespolitiker. Den wuchtigsten Paukenschlag lieferte zweifellos Willy Brandt mit seiner Forderung nach einem »blauen Himmel über der Ruhr« 1961. Der Sozialdemokrat Brandt griff damit allerdings lediglich in besonders zugkräftiger Formulierung etwas auf, das nicht nur im einfachen, sondern auch im übertragenen Wortsinn in der Luft lag. In Ministerien und Ausschüssen war bereits seit den späten 1950er-Jahren eine erhöhte Empfindlichkeit der Bevölkerung für Luftverunreinigungen registriert worden. Die christdemokratische Regierung Nordrhein-Westfalens arbeitete infolgedessen beschleunigt Gesetzesvorlagen aus. Darauf aufbauend hatte Ministerpräsident Franz Meyers schon im Frühjahr 1960 mehrfach öffentlich betont, die »Rauch- und Dunstglocke« über Rhein und Ruhr sei für die Menschen gefährlich und müsse deshalb verschwinden.

Das Echo auf Meyers blieb vergleichsweise gering – vielleicht weil er keine so einprägsame Formel für eine positive Zukunftsperspektive fand wie Brandt. Diese lieferte die CDU im Landtagswahlkampf 1962 mit dem Slogan »Saubere Luft für alle« nach. Im Jahr darauf wurde er in Zeitungsannoncen der von den Christdemokraten geführten Landesregierung wieder aufgegrif-

fen. Die Sozialdemokraten bezeichneten diese Kampagne als
»Plagiat«. Und auch die FDP in Nordrhein-Westfalen entdeckte
während des Wahlkampfs 1962 plötzlich in der Bedrohung der
industriellen Ballungsräume durch Staub und Schwefelgase den
»Krebsschaden an Rhein und Ruhr«.

Parallel zu dieser Sensibilisierung der Politik für das Thema
Luftverschmutzung vollzog sich eine Intensivierung der wissenschaftlichen Forschung. Diese kam fast dem Erwachen aus einem Dornröschenschlaf gleich. Seit den späten 1950er-Jahren
nahm die Zahl von Publikationen zu dem Thema sprunghaft zu.
Die Experten machten sich zudem nun nicht mehr Gedanken
darüber, *ob* Industrieabgase gesundheitsschädlich seien. Stattdessen ging es jetzt in den Veröffentlichungen überwiegend um
die Frage, *wie* man Schäden durch bestimmte Substanzen verhindern könne – und das zum Teil bereits, bevor überhaupt die
Schädlichkeit wirklich belegt worden war.

Die Öffentlichkeit nahm daran regen Anteil. Das galt vor
allem für die regionale Presse. Von ihr wurden die Politiker an
Rhein und Ruhr frühzeitig aufgefordert, sie sollten angesichts der
gesundheitlichen Gefahren für die Bevölkerung »nicht schlafen«.
Das Argument, vor gesetzlichen Maßnahmen seien erst weitere
wissenschaftliche Untersuchungen nötig, wollte eine rheinische
Regionalzeitung schon 1957 nicht mehr akzeptieren. Anfang der
1960er-Jahre, als endlich eindeutige Forschungsergebnisse vorlagen, schalteten sich auch Zeitungen und Zeitschriften mit überregionaler Verbreitung zugunsten der Menschen in den Ballungsräumen verstärkt in die Debatte ein.

Der Paradigmenwechsel in Wissenschaft und Presse und die
Hinwendung der politischen Entscheidungsträger zu einer aktiven Umweltpolitik bedingten sich dabei gegenseitig. Als die
Gesundheitsschädlichkeit von Staub und Abgasen Anfang der
1960er-Jahre endlich wissenschaftlich erwiesen war, spornte das

die gesetzgeberische Aktivität der Politiker an. Doch gleichzeitig kanalisierten politische Vorgaben auch die Richtung der Forschung. Die NRW-Landesregierung verteilte wissenschaftliche Ressourcen neu. Sie förderte nun nicht mehr – wie noch in den 1950er-Jahren – hauptsächlich Untersuchungen über die Wirkung industrieller Emissionen auf Pflanzen und landwirtschaftliche Nutztiere. Das Interesse wurde jetzt vielmehr auf die Lage der Menschen in den industriellen Ballungsräumen gelenkt. Zu diesem Zweck gründete das Land 1962 etwa ein neues Institut für Lufthygiene und Silikose in Düsseldorf. Gleichzeitig wurde die Landesanstalt für Bodennutzung umgewandelt in eine Landesanstalt für Immissionsschutz und Bodennutzung. Später fiel dann die Bodennutzung als Aufgabenbereich im Namen sogar ganz weg.

Auch in diesen institutionellen Veränderungen spiegelte sich eine Verschiebung gesellschaftlicher Prioritäten. Die Landesanstalt für Bodennutzung hatte in den 1950er-Jahren vor allem landwirtschaftliche Interessen vertreten. Die Rücksichtnahme auf deren Anliegen ging jedoch im selben Maß zurück, wie Landschaftsschutz in Konkurrenz zum Schutz der Menschen in den Industriegebieten trat. Mit dieser neuen, konkurrierenden Strömung fanden Natur- und Landschaftsschützer sich 1962 offenbar bereits in Rückzugsgefechte verwickelt. Aus einer Verteidigungsposition riefen sie dazu auf, dass bei der Reinhaltung der Luft »nicht allein an den Menschen, sondern auch an Tiere und Pflanzen gedacht werden« solle.

Die Rücksichtnahme auf Interessen der Industrieunternehmen nahm ebenfalls ab. Noch bis Anfang der 1960er-Jahre galt für industrielle Emissionen in der Regel das Prinzip der »Ortsüblichkeit«. Dieses aus dem 19. Jahrhundert stammende Rechtsprinzip war im Grunde eine juristische Verbrämung der Maxime »Wo gehobelt wird, sollen auch die Späne fallen«. Gerichte und Gewerbeaufsichtsämter wiesen Klagen von Anwohnern über Luftverschmutzung durch Industriebetriebe in den Ballungsräumen regelmäßig zurück, weil solche Verschmutzung dort eben »ortsüblich« sei. Unternehmen mussten nur die zur Zeit ihrer Niederlassung geltenden Auflagen zum Schutz ihrer Umwelt erfüllen. Um vor Ort etablierte Unternehmen zu zwingen, etwa durch nachträglichen Einbau von Filteranlagen dem neuesten Stand der Technik gerecht zu werden, gab es kaum rechtliche Möglichkeiten. Aus eigenem Antrieb taten die Unternehmen das wegen der damit verbundenen hohen Kosten eher selten.

Das Prinzip der »Ortsüblichkeit« entsprach auch dem traditionellen Bemühen der öffentlichen Verwaltungen, ländliche Räume möglichst wenig mit industriellen Emissionen zu belasten. Das war nicht allein aus Gründen des Natur- und Landschaftsschutzes geschehen. Die Verwaltungen hatten dadurch bisher auch Konflikte mit Landbewohnern zu vermeiden gesucht, die im Gegensatz zu den von der Industrie abhängigen Städtern ausgesprochen empfindlich und klagefreudig auf eine Belastung durch Industrieabgase reagierten. Das Prinzip der »Ortsüblichkeit« lief also darauf hinaus, die Belastung durch Luftverschmutzung dort zu konzentrieren, wo sie entstand. Die Bewohner der Industriegebiete, so die bisherige Argumentation, müssten diese konzentrierte Belastung eben ertragen, weil sie ja auch vom Arbeitsplatzangebot in der Industrie profitierten.

Seit den späten 1950er-Jahren geriet das Festhalten am Prinzip der »Ortsüblichkeit« aber in der Öffentlichkeit zunehmend in die Kritik. Bürgervereine in den Industriegebieten, Presse, Berufsverbände und Parteien, schließlich auch Teile der nordrhein-westfälischen Ministerialbürokratie forderten stattdessen eine Orientierung an dem, was technisch machbar war. Verwirklicht werden sollte beim Immissionsschutz stets der neueste Stand der Technik.

Die Landesregierung begann ab 1957, langsam darauf zu reagieren. In ihrem Zwischenbericht auf einen Vorstoß des Siedlungsverbandes Ruhrkohlenbezirk zur Luftreinhaltung hatte es im April zunächst noch unentschieden geheißen, diese solle »im Rahmen des technisch Machbaren und wirtschaftlich Vertretbaren« durchgeführt werden. Ende des Jahres kündigte sich im Referentenentwurf zum Immissionsschutzgesetz jedoch ein sachter Abschied von den üblichen ökonomischen Vorbehalten an. Nun hieß es, auch wenn »in Einzelfällen Ausnahmen möglich« wären, sollten doch die »Regeln der Technik« entscheidendes Kriterium sein. Jedenfalls müssten »Mindestanforderungen« im »Rahmen des technisch Möglichen« festgelegt werden.

Die Industrie lief erwartungsgemäß dagegen Sturm. Eine Orientierung am neuesten Stand der Technik sei wirtschaftlich nicht vertretbar. Zumindest Bonner Politiker zeigten sich bis Anfang der 1960er-Jahre noch für eine solche Argumentation aufgeschlossen. Eine Reform der Gesetzgebung zum Immissionsschutz, die 1959 und 1960 im Bundestag verhandelt wurde, brachte keinen einschneidenden Wandel. Das Prinzip der »Ortsüblichkeit« blieb trotz heftiger Auseinandersetzungen darüber auf Bundesebene einstweilen erhalten.

Nicht so aber im Land Nordrhein-Westfalen. Hier brachte die Regierung 1961 einen Gesetzentwurf in den Landtag ein, der mit der bisherigen Praxis brach. Das neue Landesgesetz zum Immissionsschutz bot ausreichende Handhaben dafür, das Prinzip der Ortsüblichkeit auszuhebeln. Mit seiner Verabschiedung 1962 wurde in Nordrhein-Westfalen die technische Machbarkeit zum Maß aller Dinge in Sachen Reinhaltung der Luft.

## Wertewandel

Was waren die Ursachen dieses Wandels? Warum erhielten Belange der Luftreinhaltung Vorrang vor industriellem Wachstum um jeden Preis? Wodurch verschoben sich die gesellschaftlichen Prioritäten im Umbruch von den 1950er- zu den 1960er-Jahren so stark?

Das bei den Zeitgenossen so beliebte Stichwort »technische Machbarkeit« legt eine – allerdings nur auf den ersten Blick – überzeugende Erklärung nahe. »Machbarkeit« war ein Schlüsselwort der 1960er-Jahre. Vor den ernüchternden Ölkrisen der 1970er-Jahre glaubten besonders Angehörige der politischen und wissenschaftlichen Eliten, Wirtschaft und Gesellschaft seien weitgehend steuerbar. Der damals noch anhaltende Aufschwung in der Bundesrepublik begünstigte auch die Annahme, staatliche Eingriffe in die Wirtschaft könnten von dieser durchaus verschmerzt werden. Die neue Haltung zur Luftverschmutzung lässt sich so als Folge von Technikbegeisterung und Fortschrittsglauben der Eliten interpretieren.

Diese Erklärung hat aber bei näherem Hinsehen Schönheitsfehler. Denn das Prinzip der »technischen Machbarkeit« beim Immissionsschutz wurde ja Anfang der 1960er-Jahre keineswegs in der gesamten Bundesrepublik eingeführt. Das geschah vielmehr nur in Nordrhein-Westfalen. Und es geschah, obwohl gerade dort zur gleichen Zeit der wirtschaftliche Aufschwung mit der Ruhrbergbaukrise erkennbar an seine Grenzen stieß. Außerdem waren die politischen und wissenschaftlichen Eliten dort aus der breiten Öffentlichkeit angetrieben worden. In der nordrhein-westfälischen Bevölkerung aber scheinen damals Technikbegeisterung und Fortschrittsglauben nicht so ausgeprägt gewesen zu sein. Ein Feature des WDR fasste jedenfalls Anfang 1962 nach umfangreichen Recherchen die unter den Menschen herrschende Stimmung so zusammen: »Ihre Klagen häufen sich, und so verschieden laut, so verschieden temperamentvoll sie im einzelnen auch sein mögen – eines haben sie alle gemeinsam: Die Sorge, ja, wenn man genau hinhört, sogar die Angst, die Menschheit werde ihren unbezähmbaren Drang nach technischem Fortschritt eines Tages teuer bezahlen müssen.«

Den Anlass für diese Skepsis gab nicht zuletzt der allgemeine Eindruck einer beständigen Zunahme der Luftverschmutzung. War der Wandel beim Immissionsschutz also vor allem eine Folge gewachsenen Problemdrucks? Im stürmischen Wiederaufbau nach 1945 hatte man Umweltprobleme kaum bedacht, und das Niveau industrieller Produktion erreichte während der 1950er-Jahre neue Höchstwerte. War vielleicht am Ende des Jahrzehnts einfach das Leiden der Bevölkerung an der »dicken Luft« in den Ballungsräumen zu groß geworden, als dass es weiter ignoriert werden konnte?

Diese Frage lässt sich nicht ganz einfach beantworten. Denn die Konzentration von Schadstoffen in der Luft über den Ballungsräumen an Rhein und Ruhr wird erst seit etwa 1960 kontinuierlich gemessen. Zuverlässige und umfassende Zahlenreihen über die Entwicklung der Luftverschmutzung gibt es deshalb für die 1950er-Jahre nicht. Eine zeitgenössische Kapazität auf dem Gebiet der »Lufthygiene« ging 1952 davon aus, dass zwar der industrielle Ausstoß von Schadstoffen zunehme, dafür aber die Emissionen der Privathaushalte zurückgingen. Denn statt mit Kohle wurde nun immer mehr mit Öl geheizt. Das führte zu einer Reduzierung des Ausstoßes von Staub und Abgasen aus privaten Schornsteinen.

Vereinzelte Messungen, die zwischen 1953 und 1955 im Ruhrgebiet vorgenommen wurden, ergaben ein sehr differenziertes Bild. Bei einigen Messstationen stieg die ermittelte Staubmenge im Lauf der Zeit an, bei anderen blieb sie gleich, bei einigen nahm sie auch ab. Am höchsten war die Belastung durch Staub in der Luft lange ohnehin nicht an der Ruhr, sondern im rheinischen Braunkohlerevier gewesen. Dort aber gingen die gemessenen Werte während der 1950er-Jahre sogar massiv zurück. Obwohl zwischen 1936 und 1960 die Stromproduktion aus Braunkohle verdoppelt worden war, wurde der Staubauswurf gleichzeitig um 80 Prozent gesenkt. Das war im Wesentlichen die Folge davon, dass in der Ville die Behörden ausnahmsweise frühzeitig auf den Einbau wirksamer Staubfilter drängten. Die Betreiber der Braunkohle-Kraftwerke mussten sich schon seit Anfang der 1950er-Jahre diesem Druck beugen. Ehemalige Dreckschleudern wie das Goldenbergwerk in Knapsack wurden damit fast zu Musterbetrieben. Die Belastung durch Staub sank deshalb beispielsweise im Raum Hürth zwischen dem Ende des Zweiten Weltkrieges und 1957 um die Hälfte.

Ähnliches geschah auch in Köln. Die größten Dreckschleudern in der Domstadt waren Brikettfabriken. Von denen aber schloss zwischen 1945 und 1958 jede dritte ihre Tore. Die Konzentration von Schadstoffen in der Luft reduzierte sich entsprechend. Die Beschwerden aus der Bevölkerung rissen jedoch deswegen keineswegs ab, sondern vermehrten sich noch. Auch im Ruhrgebiet sank die Umweltbelastung durch die Zechenstilllegungen seit 1958, während die Protestwelle dort erst richtig anlief.

Nicht die Höhe der Belastung dürfte also für das Ausmaß der Klagen entscheidend gewesen sein. Was sich änderte, war vielmehr die Wahrnehmung. In den Nachkriegsjahren hatte die Bevölkerung jeden neuen rauchenden Schornstein begeistert begrüßt. Mit dem Abschluss des Wiederaufbaus in den späten 1950er-Jahren wurde der Rauch auf einmal als Belästigung empfunden. Das hatte offenbar weniger mit der Zunahme der Schornsteine zu tun, wie viele Zeitgenossen und auch manche spätere

Historiker glaubten, sondern vorrangig mit einem Wechsel der Werte: Die materielle Notlage der Nachkriegszeit war überwunden und es verschoben sich die Prioritäten.

Ein Journalist der *Westdeutschen Allgemeinen Zeitung* erkannte das schon früh. 1962 schrieb er: »In den Zeiten des Wiederaufbaus waren neue Arbeitsplätze wichtiger als Filter. Die Produktion sollte möglichst schnell anlaufen, und die unangenehmen Begleiterscheinungen des wirtschaftlichen Aufschwungs waren von den arbeitenden Menschen [...] zunächst geduldig in Kauf genommen worden. Diese Entwicklung ist abgeschlossen. Gewiß bleiben den Unternehmen angesichts des scharfen Wettbewerbs noch viele Rationalisierungs- und Modernisierungsaufgaben. Aber der Schutz der Bevölkerung vor den Gefahren, die durch verschmutzte und verpestete Luft drohen, darf auch im Interesse der Wirtschaft nicht länger hinausgezögert werden.«

Denn Arbeitsplätze allein hielten die Menschen nicht mehr in den »verpesteten« Ballungsräumen – zumal während der 1960er-Jahre Vollbeschäftigung herrschte. Weil die materiellen Bedürfnisse befriedigt waren, gewannen nichtmaterielle Interessen für die Masse der Bevölkerung an Bedeutung. Jetzt trat das Bestreben nach einer Verbesserung der Lebensqualität in den Vordergrund. Damit rückten Themen wie der Ausbau des Bildungswesens ins Zentrum der öffentlichen Aufmerksamkeit und wurden von Politikern in ganz Deutschland aufgegriffen. Aber auch die Sauberkeit von Luft und Wasser wurde nun zum Politikum ersten Ranges.

So waren die jahrzehntelangen Bemühungen um ein Gesetz zur Reinhaltung des Wassers endlich von Erfolg gekrönt. Entwürfe dazu hatte es zwar schon unmittelbar vor dem Ersten Weltkrieg, Mitte der 1920er-Jahre und noch einmal während der 1940er-Jahre gegeben. Doch diese Anläufe waren bisher immer wieder gescheitert, weil der Mehrheit von Politikern und Bürgern angesichts von Kriegen und Krisen anderes wichtiger erschienen war. Mit dem Ende des Wiederaufbaus kam 1957 nun ein Wasserhaushaltsgesetz zustande. Es handelte sich dabei um ein Rahmengesetz auf Bundesebene, das Anfang der 1960er-Jahre von Wassergesetzen der Länder, darunter auch Nordrhein-Westfalen, ausgefüllt wurde. Der bisher für die Regeln zur Einleitung von Abfallstoffen in Gewässer geltende Grundsatz der »Ortsüblichkeit« wurde dadurch ausgehebelt. Fortan herrschte das Prinzip, das solche Immissionen nach dem Stand der Technik zuvor geklärt werden mussten. Die Auflagen wurden zudem in der Folgezeit immer weiter verschärft.

Besonders unter der Dunstglocke der Ballungsräume an Rhein und Ruhr äußerte sich das Verlangen nach mehr Lebensqualität freilich vor allem in dem Ruf nach reiner Luft. Deshalb wurde Nordrhein-Westfalen zum Vorreiter in dieser Frage. In der durch den beispiellosen wirtschaftlichen Boom der 1950er-Jahre ermöglichten Wohlstandsgesellschaft engagierten sich erstmals auch Interessenvertreter der hier konzentrierten Industriearbeiterschaft nachdrücklich für den Schutz der Umwelt. So waren es in der CDU, die bis 1966 in Nordrhein-Westfalen den Ministerpräsidenten stellte, besonders die arbeitnehmernahen Repräsentanten der Sozialausschüsse, die sich für saubere Luft einsetzten. Die sich als klassische Arbeiterpartei verstehende Sozialdemokratie, die danach die politische Führung im Land übernahm, stand dahinter seit Anfang der 1960er-Jahre nicht zurück. Zudem gewannen mit dem wirtschaftlichen Strukturwandel, der sich in Nordrhein-Westfalen seit 1958 an den Ruhrzechen bemerkbar machte, aber gleichzeitig auch am Niederrhein und in Ostwestfalen in der kriselnden Textilbranche begann, im Land bürgerliche Gruppen auf Dauer größere Bedeutung. Und diese hatten von jeher schon auf Naturschutz und Umweltpolitik mehr Wert gelegt.

In den 1960er-Jahren rückte das Land Nordrhein-Westfalen der Luftverschmutzung auf zwei Wegen zu Leibe. Feste Schadstoffe – vor allem Staub – wurden bei den industriellen Verursachern zurückgehalten. Die Gewerbeaufsichtsämter verpflichteten die Unternehmen jetzt dazu, Filter nach dem neuesten Stand der Technik einzubauen. Oft bedurfte es solcher Zwangsmaßnahmen allerdings gar nicht, weil die Betriebe den Immissionsschutz bereits von sich aus modernisierten, um angesichts der veränderten Stimmung in der Öffentlichkeit ihr Image zu verbessern. Bis 1969 investierte die nordrhein-westfälische Industrie zwei Milliarden D-Mark in Maßnahmen zur Luftreinhaltung. Das Bundesgesundheitsamt registrierte schon seit 1956 einen deutlichen Rückgang der Staubemissionen in Nordrhein-Westfalen. Stahlkonverter an der Ruhr pusteten Mitte der 1960er-Jahre kaum noch Staub in die Luft. Der neue Stellenwert einer Vermeidung von Emissionen machte sich gleichermaßen in behördlichem Druck wie in vorauseilendem Gehorsam seitens der Industrie bemerkbar.

Auch bei Abgasen gewann das Bemühen um Luftreinhaltung während der 1960er-Jahre eine neue Qualität. Beim Bayerwerk in Leverkusen, dem größten Chemiekonzern im Land, waren um 1970 mehr als 150 Angestellte allein mit der Verringerung von Emissionen in die Luft (und in den Rhein) beschäftigt. Der Ausstoß des Werks an Stickoxiden und organischen Substanzen war nach eigener Auskunft »niedriger als die vom Verkehr auf der benachbarten Autobahn herrührenden Konzentrationen.« Obwohl an solchen Selbstdarstellungen durchaus Zweifel angebracht sein können – allein dass so mächtige Konzerne wie Bayer eine Notwendigkeit empfanden, sich auf diese Art vor der Öffentlichkeit zu rechtfertigen, war schon eine Neuheit. Nun einsetzende kontinuierliche Messungen der Behörden zeigten, dass industrielle Emissionen von Abgasen tatsächlich zurückgingen oder zumindest stagnierten. Als Verursacher von Luftverschmutzung trat die Industrie immer mehr hinter Verkehr und Privathaushalten zurück.

Rückgang oder Stagnation von Emissionen wurden in der Regel durch Umstellungen in den Produktionsabläufen ermöglicht. Denn bei den meisten gasförmigen Stoffen, wie etwa Schwefeldioxid, konnten Filter nicht helfen. Die Landespolitik ging hier deshalb noch geraume Zeit nach dem alten Motto vor: »The solution to pollution is dilution« – die Lösung für Abgasprobleme ist Verdünnung. Wie teilweise schon im 19. Jahrhundert drängte die Politik auch während der 1960er-Jahre auf den Bau höherer Schornsteine, um Schadstoffe weiträumiger zu verteilen. Im Kölner Raum zum Beispiel, wo vier Fünftel der Schlote noch niedriger als 30 Meter waren, bemühte sich die Landesregierung um eine Erhöhung auf bis zu 150 Meter. Noch 1977 sah der Luftreinhalteplan Ruhrgebiet West des Landes zunächst bis zu 300 Meter hohe Schornsteine vor, um im Revier die Luftqualität zu verbessern.

Das Resultat dieser Politik war zwiespältig. Die bisher an Rhein und Ruhr konzentrierte Belastung durch Schwefeldioxid und andere Abgase nahm zwar ab – auch wenn eine Voraussage aus den späten 1950er-Jahren zutraf, dass das Ruhrgebiet niemals eine Luft wie der Schwarzwald bekommen werde. Dafür aber bekam der Schwarzwald dieselbe belastete Luft wie das Ruhrgebiet.

Der Wandel der frühen 1960er-Jahre war noch kein Wandel zu einem Denken in ökologischen Systemen. Er war zunächst nur die Ergänzung von Maßnahmen für einen Teilbereich durch Maßnahmen für einen anderen Teilbereich. In den 1950er-Jahren galt die öffentliche Aufmerksamkeit allenfalls dem Natur- und Landschaftsschutz. Der Fokus lag auf den ländlichen Gebieten. Während der 1960er-Jahre trat das Bemühen um einen Schutz der

Menschen in den industriellen Ballungsräumen daneben. Mehr noch, im Laufe des Jahrzehnts gewann der Schutz der Menschen Vorrang vor dem Schutz der Natur. Das seit der Industrialisierung im 19. Jahrhundert geltende Rechtsprinzip der »Ortsüblichkeit« hatte ja nicht nur die Industrieunternehmen vor kostspieligen Investitionen bewahrt. Es hatte auch den Zielen der Naturschützer und den Interessen der ländlichen Regionen gedient. Sie waren bisher von den unangenehmen Begleiterscheinungen der Industrialisierung weitgehend verschont geblieben, weil diese mit Absicht in den Ballungsräumen lokalisiert worden waren.

Dass in Nordrhein-Westfalen mit dieser Praxis gebrochen wurde, führte deshalb letzten Endes zu einer noch tiefergreifenden Zäsur in der ganzen Bundesrepublik. Denn weil die Politik der hohen Schornsteine die Schadstoffe nun weiträumig verteilte, wurde ein Festhalten am traditionellen Natur- und Landschaftsschutz im regionalen Rahmen unmöglich. Als Ende der 1960er-Jahre Schwefeldioxid von Rhein und Ruhr über dem Bayerischen Wald als saurer Regen niederging, war diese Einsicht nur noch eine Frage der Zeit. Bezeichnenderweise entstand das erste Umweltschutzministerium 1970 in Bayern.

Aber auch in Nordrhein-Westfalen ließ die Erkenntnis nicht lange auf sich warten, dass der Schutz der Menschen nicht getrennt vom Schutz der Natur betrieben werden konnte. Auf die Bewusstseinsänderung am Ende des Wiederaufbaus folgte ein Jahrzehnt später ein erneuter Wandel. Jetzt erst schuf die Einsicht, dass der Mensch in die Natur eingebunden war, ein wirkliches Um-Welt-Bewusstsein. »Unsere Pflanzen und Wälder sterben ab – und damit die Luft zum Atmen« titelte der *Rheinische Merkur* Anfang 1971 angesichts des sauren Regens. Die Entwicklung sei eine Gefahr für alle »Glieder des biologischen Körpers«, warnte im gleichen Jahr die *Westfalenpost*. Mit dem neuen Denken in ökologischen Systemen verband sich Klarheit darüber, dass umweltpolitische Alleingänge nicht mehr möglich waren. Damit war auch die Rolle, die Nordrhein-Westfalen als Vorreiter im Kampf für die Reinhaltung der Luft während der 1960er-Jahre übernommen hatte, im Lauf des nächsten Jahrzehnts bereits wieder ausgespielt.

# Im ökologischen Zeitalter?

Seit den 1970er-Jahren ist Umwelt in aller Munde. Der Begriff, bis dahin allenfalls einigen Biologen geläufig, verbreitete sich in Windeseile in ganz Deutschland. Überall wurde plötzlich von Umweltschutz gesprochen, wurde die Notwendigkeit von Umweltbildung und Umweltpolitik thematisiert. Umweltministerien entstanden. Nordrhein-Westfalen, wo 1985 aus dem Ministerium für Ernährung, Landwirtschaft und Forsten das Ressort für Umwelt, Raumordnung, Landwirtschaft und Verbraucherschutz wurde, hinkte dabei manchen anderen Bundesländern zwar hinterher. Im Vergleich mit dem Bund, wo erst die Reaktorkatastrophe von Tschernobyl ein Jahr später den Anlass gab, ein Umweltministerium zu bilden, hatte das Land aber die Nase noch knapp vorn. Naturschutzvereinigungen erfanden sich als Umweltverbände neu – und gewannen damit mehr Mitglieder als jemals zuvor. Mittlerweile sprechen manche Historiker von den 1970er-Jahren als der Epoche der »ökologischen Revolution«. Die Zeit seitdem ist vollmundig schon die »Ära der Ökologie« genannt worden.

Tatsächlich haben sich die Umweltbedingungen für die Menschen in Nordrhein-Westfalen seit den 1970er-Jahren spürbar verbessert. Ja, in mancherlei Hinsicht waren diese Verbesserungen geradezu spektakulär. Die Dunstglocke aus Rauch und schwefligen Gasen, die jahrzehntelang die industriellen Ballungszentren an Rhein und Ruhr einhüllte, ist verschwunden. Im Rhein und seinen Nebenflüssen, die Ende der 1960er-Jahre biologisch tot waren, schwimmen heute wieder Fische. Um 1970 drohten Müllprobleme den nordrhein-westfälischen Städten buchstäblich über den Kopf zu wachsen, heute sind sie weitgehend unter Kontrolle. Im Agrarsektor, wo lange ein auf maximale Produktivität um jeden Preis getrimmter industrialisierter Großbetrieb als Maß aller Dinge galt, gewinnt das neue Leitbild einer nachhaltigen biologischen Landwirtschaft zumindest ein wenig an Bedeutung. Anfang der 1980er-Jahre wurde vom »Waldsterben« geredet, seitdem hat sich die Lage der Wälder in Nordrhein-Westfalen in mancher, wenn auch nicht jeder Hinsicht gebessert. Der Wandel von fossilen zu regenerativen Energien ist eingeleitet.

Das alles ist nicht nur die Folge eines erhöhten Stellenwerts von Natur- und Umweltfragen in der Gesellschaft, sondern auch dem Einsatz einer neuen Generation von Aktivisten geschuldet. Das Engagement für Natur und Umwelt hat sich in den letzten Jahrzehnten stark professionalisiert und politisiert. In den 1960er-Jahren starb eine ältere Generation von meist ehrenamtlich tätigen Naturschützern weg, die ihre Sozialisation nicht selten noch vor dem Ersten Weltkrieg durchlaufen hatte. Ihre Nachfolger brachten mit einer anderen Mentalität frischen Wind in die Naturschutzarbeit. Professionell ausgebildet, praktizierten sie weniger rückwärtsgewandte Wald- und Wiesenromantik. Anders als ihre Vorgänger, die Naturschutz vorwiegend nach Feierabend betreiben mussten, waren sie meist erstmals durch feste Stellen in der Verwaltung materiell abgesichert und konnten sich deshalb ausdauernder engagieren. Dabei ergaben sich zudem viele Berührungspunkte mit der in den 1970er-Jahren entstehenden politischen Umweltbewegung.

Mit der Gründung der Grünen kam es um 1980 zur ersten erfolgreichen Neubildung einer Partei in Nordrhein-Westfalen und der Bundesrepublik Deutschland. Während die Partei ihre 1983 gewonnene Vertretung im Bundestag 1990 vorübergehend wieder verlor, gelang den Grünen in diesem Jahr zum ersten Mal der Sprung in den nordrhein-westfälischen Landtag. Von 1995 bis 2005 und dann wieder von 2010 bis 2017 regierten sie als Juniorpartner der SPD in Düsseldorf mit. Zwischen 1998 und 2005 kam es überdies im Bund ebenfalls zu einer rot-grünen Regierungskoalition. Umweltfragen gewannen dadurch wie in der Gesellschaft auch in der Politik eine bisher ungeahnte Prominenz – zumal nicht zuletzt durch die Konkurrenz der Grünen die übrigen Parteien ihr Herz für die Umwelt entdeckten.

Dennoch: Es gibt gute Gründe dafür, hinter die These eines »ökologischen Zeitalters« ein Fragezeichen zu setzen. Die Resultate grüner Regierungsbeteiligung blieben hinter den Erwartungen vieler Anhänger der Partei zurück. Das lag auch daran, dass sich bei Koalitionspartner und Opposition die nachdrückliche Befürwortung von Maßnahmen des Umweltschutzes oft auf Wahlkampfzeiten beschränkte. In der Gesellschaft war und ist die Begeisterung für Natur und Umwelt ebenfalls nicht grenzenlos. Die Unterstützung dafür blieb vielfach emotional und diffus, sodass sie sich rasch weitgehend in Wohlgefallen auflösen konnte, wenn durch konkrete Gesetzesvorhaben konkrete Interessen bedroht wurden – wie etwa die der Autofahrer oder der Stromverbraucher.

Auch deshalb blieben und bleiben viele alte Umweltprobleme ungelöst. Andere kamen seit den 1970er-Jahren neu dazu oder haben sich verschärft. Trotz Energiewende werden fossile Energien in Nordrhein-Westfalen im Vergleich mit anderen Regionen Deutschlands immer noch weit überproportional genutzt. Die Umweltbelastung durch den Individualverkehr hat während der letzten Jahrzehnte stark zugenommen. Das trägt zum globalen Klimawandel bei, der seit Ende der 1980er-Jahre als neues Problem wahrgenommen wird. Zwar hat sich die Lebensqualität in der Nahumwelt der meisten Bewohner Nordrhein-Westfalens beträchtlich verbessert. Das geschah allerdings teilweise um den Preis eines Exports von Umweltproblemen. Insgesamt ist der Verbrauch von Ressourcen in der Region in etwa gleich hoch geblieben: Ihre Bürger leben in ökologischer Hinsicht seit Beginn der Industrialisierung bis heute konstant über ihre Verhältnisse. Von einem nachhaltigen Lebensstil sind das Land und seine Bewohner nach wie vor weit entfernt.

## Erfolgsgeschichten und Trendwenden

Es ist immer eine Frage der Perspektive, ob ein Glas halb voll oder halb leer ist. Aus der Rückschau auf das letzte halbe Jahrhundert gibt es jedenfalls vieles, was mit Blick auf die Entwicklung der Umwelt in Nordrhein-Westfalen während dieses Zeitraums hoffnungsvoll stimmen kann. Ganz besonders gilt das für die Bemühungen um eine Reinhaltung von Luft und Gewässern. Hier waren die Fortschritte unbestreitbar gewaltig.

Die Entwicklung der Wasserqualität im Land illustriert das nachdrücklich. Ende der 1960er-Jahre war der Rhein in Nordrhein-Westfalen ein über weite Strecken vollkommen toter Fluss. Hinter Wupper- oder Emschermündung gab es in seinem Wasser damals kein einziges Lebewesen mehr. Aber auch an anderen Flussabschnitten im Land lebten allenfalls vereinzelte und gegen Schadstoffe besonders widerstandsfähige Organismen wie Egel und Schnecken im Rhein. Seinen Nebenflüssen ging es nicht besser. Wupper, Sieg, Erft, Ruhr und erst recht die Emscher waren biologisch tote Bakterienbrühen. Neben den Abwässern von Städten und Industriebetrieben wurden die Flüsse durch Phosphor und Stickstoff aus Kunstdünger und Waschmitteln belastet, die das Algenwachstum förderten und damit anderen Lebewesen den Sauerstoff nahmen.

In den 1970er-Jahren trat eine Wende zum Besseren ein. Die Einführung biologisch abbaubarer Waschmittel senkte den Phosphorgehalt im Abwasser, Abkommen zwischen der Bundesrepublik und Frankreich reduzierten die Einleitung von Metallen. Die Effizienz vorhandener Kläranlagen wurde erhöht, neue kamen hinzu. Seit Mitte des Jahrzehnts kehrten die ersten Lebewesen selbst an Emscher- und Wuppermündung zurück. Die Fischbestände im Rhein erholten sich. Dennoch warfen gesundheitsbewusste Sportangler ihre Fänge noch während der 1980er-Jahre in den Strom zurück, weil die Belastung der Fische mit Insektiziden und PCB die zugelassenen Grenzwerte meist weit überschritt. Doch in den 1990er-Jahren verbesserte die Wasserqualität sich so weit, dass sogar wieder die für Jahrzehnte aus dem Strom verschwundenen Lachse gefangen wurden. Auch in besonders belastete Nebenflüsse wie Wupper und Sieg kehrte das Leben zurück.

Die Erfolgsbilanz der Luftreinhaltung ist ähnlich eindrucksvoll. Ruß- und Staubemissionen, lange Zeit das subjektiv größte Problem bei allen Bemühungen um saubere Luft, waren im Land schon früher deutlich zurückgegangen. Großfeuerungsanlagen und Stahlkonverter pusteten im Ruhrgebiet während der frühen 1960er-Jahre noch gut 300 000 Tonnen Staub pro Jahr in die Luft. Am Ende des Jahrzehnts waren es bereits deutlich weniger, und bis in die frühen 1980er-Jahre gingen die Staubemissionen auf ein Drittel zurück.

Um 1970 verlagerte sich das Problembewusstsein deshalb auf gasförmige Stoffe. Zunächst stand dabei das für den sogenannten sauren Regen verantwortliche Schwefeldioxid im Mittelpunkt der Aufmerksamkeit. Seine Konzentration in der Luft über Nordrhein-Westfalen war bereits seit 1964 systematisch gemessen worden und nahm fast kontinuierlich ab. Bis in die frühen 1980er-Jahre ging die Schwefeldioxid-Konzentration auf ein Viertel der zuerst erfassten Werte zurück. Zur Jahrtausendwende lag sie nur noch bei vier Prozent des Wertes von 1964.

Auch die erst seit den 1970er-Jahren erfassten Anteile von Blei- und Cadmiumverbindungen konnten in zweieinhalb Jahrzehnten auf einen kleinen Bruchteil der anfangs ermittelten Werte gesenkt werden. Zäher gestaltete sich das Anfang der 1980er-Jahre einsetzende Bemühen, die Emissionen von Stickstoffdioxid zu verringern. Bis zum Jahr 2000 ging aber auch dessen Konzentration in der Luft über dem Rhein-Ruhr-Raum zunächst um ein Drittel zurück. Bis heute sind die gemessenen Werte tendenziell noch weiter abgesunken.

Anfang des neuen Jahrtausends machten dann Ozon und Feinstaub Schlagzeilen. Die Debatte konzentrierte sich vor allem auf deren Ausstoß durch den Autoverkehr. Das gesundheitsgefährdende Potenzial dieser beiden Substanzen steht außer Frage. Es hatte allerdings bis dahin kaum Aufmerksamkeit gefunden. Bezeichnenderweise wurden die Feinstaubkonzentrationen in der Luft vor 1998 in Nordrhein-Westfalen gar nicht erfasst. Rückberechnungen machen es aber plausibel, dass sie seit den 1960er-Jahren ebenfalls stark abgenommen haben dürften. Seit der Jahrtausendwende zeigen die im Land gemessenen Konzentrationen von Feinstaub wie auch von Ozon jedenfalls eine klare Tendenz nach unten.

Die Debatte um Feinstaub, Ozon und Stickstoffdioxid erscheint deshalb auch als Ausdruck gestiegener Ansprüche an die Luftqualität. Angesichts viel drängenderer Probleme verschwendete man daran jahrzehntelang kaum einen Gedanken. Erst die beträchtliche Reduzierung anderer Schadstoffe veränderte diese Situation. Aufgrund der Gefahren für die Gesundheit, die von Ozon, Stickstoffdioxid oder Feinstaub ausgehen, handelt es sich dabei zwar kaum um ein Luxusproblem. Die Aufmerksamkeit, die diesen Schadstoffen hierzulande gewidmet wird, ist aber im Vergleich mit den Debatten, die in den Ballungsräumen Asiens oder Lateinamerikas über Luftverschmutzung geführt werden, auch ein Indikator für die seit den 1970er-Jahren in Nordrhein-Westfalen gemachten Fortschritte.

Nicht ganz so spektakulär, aber dennoch bemerkenswert sind die Erfolge, die bei der Bewältigung des Müllproblems erreicht wurden. Hier hatten sich die Schwierigkeiten bis in die 1970er-Jahre im wahrsten Sinn des Wortes immer weiter aufgehäuft. Wohl nirgendwo lassen sich die Entstehung der Überflussgesellschaft, aber auch ihre Kollateralschäden besser nachvollziehen als in der Entwicklung des Müllaufkommens. Schon in den letzten Jahren vor dem Ersten Weltkrieg und erneut während der 1920er-Jahre waren wachsende Müllmengen zumindest in den größeren Städten der Region zum Problem geworden. Die Autarkiepolitik der Nationalsozialisten und erst recht die Notjahre der Kriegs- und Nachkriegszeit hatten zwischenzeitlich jedoch dazu geführt, dass deutlich weniger weggeworfen wurde. Alles, was irgendwie zu gebrauchen war, wurde wiederverwertet. In den meisten Städten fiel 1945 deshalb noch nicht einmal ein Drittel so viel Müll an wie 1939. Wegen der gesunkenen Abfallmengen wurde 1949 in Barmen sogar die Müllverbrennungsanlage stillgelegt, weil sie nicht mehr wirtschaftlich erschien.

Seit den 1950er-Jahren stieg die Müllmenge dann jedoch steil an. Nicht nur verbreitete sich unter zahlreichen Bürgern eine Wegwerfmentalität. Auch das Ausmaß der Selbstversorgung mit Nahrungsmitteln und anderen Gütern nahm immer mehr ab. Der Bedarf wurde zunehmend aus überlokalem und überregionalem, schließlich internationalem Handel gedeckt. Die über immer größere Entfernungen herantransportierten Waren erforderten immer mehr Verpackung. Hatte man früher beim Kaufmann um die Ecke oft Waren lose in mitgebrachte Gefäße füllen lassen, boten Supermärkte nun alle Waren vorverpackt an. Zudem dominierten mehr und mehr Plastikverpackungen, die anders als das bisher hauptsächlich benutzte Papier in den Privathaushalten nicht wiederzuverwenden waren.

Die Kommunen, die für die Beseitigung des Abfalls zuständig waren, warfen die wachsenden Müllmassen zwei Jahrzehnte lang überall auf Deponien. In den 1970er-Jahren quollen diese über. Mitte des Jahrzehnts wurde in den größeren Städten dreimal so viel Müll angeliefert wie vor dem Zweiten Weltkrieg, fast das Zehnfache der Menge von 1945. Aus den Deponien sickerten Gifte ins Grundwasser. Immer wieder kam es zu Schwelbränden auf den Müllkippen, weil der Unrat sich selbst entzündete. Anwohner klagten über Rattenplagen. Um der Probleme Herr zu werden, begannen viele Städte, wieder zur Verbrennung von Müll überzugehen, was hier und da schon vor dem Krieg praktiziert worden war: so Düsseldorf bereits in den 1960er-Jahren, Leverkusen und Solingen 1970, Wuppertal 1976. Doch schon im Lauf der 1980er-Jahre waren die Kapazitäten der Müllverbrennungsanlagen trotz wiederholter Erweiterungen erschöpft, denn innerhalb von etwas mehr als einem Jahrzehnt hatten sich die Müllmengen noch einmal verdoppelt.

Gleichzeitig zeichneten sich Ansätze eines prinzipiellen Umdenkens ab. Das Zumüllen der Landschaft durch immer mehr und immer größere kommunale und wilde Müllkippen hatte bereits in den 1970er-Jahren Proteste der Anwohner ausgelöst. Doch nicht nur denen, die in unmittelbarer Nähe der Deponien wohnten, stanken die sich anhäufenden Müllmassen. Während der 1980er-Jahre wuchs auch grundsätzlichere Kritik an der verbreiteten Wegwerfmentalität. Zudem stiegen die Kosten für Abfallbeseitigung immer weiter an, während Rohstoffe vor allem seit der Ölkrise teurer wurden. Den anfallenden Müll wieder zu verwerten wurde deshalb zunehmend attraktiver. Seit den 1980er-Jahren führten die Kommunen Systeme der Mülltrennung und der Wiederverwertung ein. Papier, Glas, Metall, Elektrogeräte, schließlich auch kompostierbare Abfälle wurden getrennt gesammelt und soweit möglich in Stoffkreisläufe zurückgeführt. In den 1990er-Jahren gingen die bei den Verbrennungsanlagen angelieferten Müllmengen zum ersten Mal seit dem Ende des Zweiten Weltkrieges zurück.

Auch im Verhältnis von Landwirtschaft und Umwelt zeigten sich ab etwa 1970 zumindest zarte Anzeichen einer Trendwende. Die Industrialisierung der Agrarproduktion hatte diese schon ab dem 19. Jahrhundert mehr und mehr zu einer Belastung für den Naturhaushalt werden lassen. Dieser Prozess beschleunigte sich nach dem Zweiten Weltkrieg noch einmal beträchtlich. Denn nicht nur ermöglichten technische Innovationen jetzt eine weitgehende Abkopplung der Landwirtschaft von ökologischen Kreisläufen. Die einschneidende Hungererfahrung der ersten Nachkriegsjahre schuf auch die Bereitwilligkeit, diese Innovationen ohne Rücksicht auf Verluste zu nutzen. Um die Versorgung mit Nahrungsmitteln sicherzustellen, hatte seit den 1950er-Jahren zunächst eine möglichst hohe Agrarproduktion oberste gesellschaftliche Priorität.

Das führte zum einen dazu, dass bäuerliche Betriebe nach dem Zweiten Weltkrieg immer mehr Maschinen anschafften. Hatten bisher im Rheinland und in Westfalen vor allem Pferde den Pflug gezogen, wurden die Zugtiere in den nächsten Jahrzehnten vollständig durch Traktoren abgelöst. In Westfalen stieg deren Zahl allein in den 1950er-Jahren um das Zehnfache. Während der beiden folgenden Jahrzehnte erhöhte sie sich weiter. Auch die Zahl von Sämaschinen, Dünge- und Erntemaschinen sowie elektrischen Melkanlagen explodierte geradezu. Die Energiebilanz der landwirtschaftlichen Betriebe verschlechterte sich dadurch unter dem Strich: Sie verbrauchten nun mehr Energie – im Wesentlichen aus fossilen Quellen –, als sie in Form von Nahrungsmitteln produzierten. Allerdings nahm auch die Menge der produzierten Nahrung beträchtlich zu. Und darauf kam es den Menschen nach den Hungererfahrungen der Nachkriegszeit in erster Linie an.

Die Maschinisierung der Landwirtschaft ermöglichte eine weitere Vergrößerung der Betriebe. Der Trend zum Großbetrieb und zu Flurbereinigungen, der bereits vor 1900 begonnen hatte, setzte sich nach dem Zweiten Weltkrieg beschleunigt fort. Während der zweiten Hälfte des 20. Jahrhunderts ging die Zahl der Bauernhöfe mit weniger als zehn Hektar Land in Nordrhein-Westfalen um drei Viertel zurück. Gleichzeitig vervierfachte sich fast die Zahl der Höfe mit mehr als 50 Hektar Fläche. Dieser Konzentrationsprozess ging einher mit der Spezialisierung auf immer weniger Nutzpflanzen, die immer öfter in Monokultur angebaut wurden. Die Erträge ließen sich damit zwar steigern. Die Artenvielfalt nicht nur bei Pflanzen, sondern auch bei Tieren ging aber massiv zurück. Ziergärten lösten Weiden und Äcker als artenreichste Biotope ab.

Die Ausbreitung von Monokulturen drohte außerdem, die Böden zunehmend auszulaugen. Um Erträge dennoch langfristig stabil zu halten und nach Möglichkeit noch zu erhöhen, griffen Landwirte mehr und mehr auf den bereits im frühen 20. Jahrhundert entwickelten Kunstdünger zurück. War Kunstdünger auf dem Gebiet Nordrhein-Westfalens bis zum Zweiten Weltkrieg noch verhältnismäßig wenig verwendet worden, so änderte sich das danach rasch. Bis 1980 stieg der Stickstoffverbrauch pro Hektar landwirtschaftlicher Nutzfläche auf das Sechsfache der Vorkriegswerte. Phosphat und Kali wurden jetzt dreimal so häufig gestreut. Die Produktion von Getreide oder Kartoffeln stieg im gleichen Zeitraum pro Flächeneinheit allerdings lediglich um den Faktor zwei. Große Teile des Kunstdüngers wurden von den Pflanzen tatsächlich nicht aufgenommen, sondern in Gewässer abgeschwemmt, deren Schadstoffbelastung sie erhöhten. Der nordrhein-westfälische Regierungsbezirk Münster, wo noch intensive Viehhaltung mit entsprechender Gülleproduktion dazukommt, hat mittlerweile neben der Region Weser-Ems deshalb die bundesweit höchste Nitratbelastung.

Monokulturen sind auch anfälliger für Pflanzenkrankheiten, die durch Pilze verursacht oder durch Insekten übertragen werden. Um Ernteausfälle dadurch zu vermeiden, hatten Bauern seit den 1950er-Jahren immer mehr chemische Pflanzenschutzmittel gegen solche »Schädlinge« und im Acker unerwünschte Unkräuter verspritzt. Das geschah in Nordrhein-Westfalen mit ausdrücklicher Billigung der Landesregierung: So drängte das zuständige Ernährungsministerium vor dem Hintergrund der von ihm ausgegebenen Devise »Sicher leben heißt mehr erzeugen« 1953 darauf, die chemische Bekämpfung der sogenannten Schädlinge »bis in die letzten Spitzen der weitverzweigten Landeskultur vorzutragen.« Während 1949 auf gerade einmal zwei Prozent der landwirtschaftlich genutzten Flächen Pestizide, Fungizide und Herbizide eingesetzt wurden, war das um 1980 auf 95 Prozent der agrarischen Nutzfläche im Land üblich.

Dass damit beträchtliche Kosten und Kollateralschäden verbunden sind, war zwar schon frühzeitig bekannt, wurde aber zunächst in Kauf genommen. Insekten und andere »Schädlinge« entwickelten nicht nur schnell Resistenzen gegen die verwendeten Gifte, sodass die Präparate ständig weiterentwickelt werden mussten und ihre Zahl in astronomischem Ausmaß zunahm. So kamen bis in die 1970er-Jahre davon etwa 1800 auf den Markt. Pestizide töteten auch viele aus landwirtschaftlicher Sicht nützliche Tiere, die Schädlinge vertilgen – ganz abgesehen davon, dass die Präparate damit die Artenvielfalt weiter reduzierten. Der größte Teil der Gifte erreichte zudem sein Ziel gar nicht. Stattdessen reicherte er sich im Boden oder im Grundwasser an und gelangte auf die eine oder andere Art bald in die menschliche Nahrungskette.

1968 bezeichnete ein neues Pflanzenschutzgesetz es erstmals auch als Zweck, Schäden von Menschen und Tieren abzuwenden. Die Verwendung von Pestiziden wurde in der Öffentlichkeit nicht mehr nur als Mittel zur Erhöhung agrarischer Produktivität, sondern zunehmend auch als ökologisches Problem thematisiert. Statt Werbung dafür weiter allein mit ökonomischen Argumenten zu bestreiten, sah sich die chemische Industrie ab den 1970er-Jahren dazu gezwungen, auch die angebliche Umweltverträglichkeit von Unkraut- und Schädlingsvernichtern herauszustellen. 1986 erhöhte eine nochmalige Novellierung des Pflanzenschutzgesetzes die Hürden für eine Genehmigung von Pestiziden weiter. Die nordrhein-westfälische Landesregierung hatte sogar darauf gedrängt, im Gesetz den Schutz von Umwelt und Gesundheit dem wirtschaftlichen Interesse an Kulturpflanzen überzuordnen, konnte sich damit allerdings auf Bundesebene nicht durchsetzen.

Die Beratung der Bauern beim Pflanzenschutz ist in der Bundesrepublik Ländersache. In Nordrhein-Westfalen wird diese Aufgabe von Ämtern wahrgenommen, die bei den Landwirtschaftskammern angesiedelt sind. Bereits seit den 1970er-Jahren empfahlen die Pflanzenschutzämter des Landes ihrer Klientel, den Einsatz von Pestiziden zu reduzieren. Die Landwirte sollten sich nicht mehr einseitig auf chemische Mittel verlassen, sondern diese mit biologischen Methoden kombinieren, wie etwa dem Einsatz von Marienkäfern gegen Schildläuse und anderen natürlichen Feinden von »Schädlingen«. Dieser »integrierte«

Pflanzenschutz wurde zur neuen Leitschnur der Agrarpolitik in Nordrhein-Westfalen.

Allerdings blieb die teilweise Abkehr von Pestiziden vielfach bloße Theorie. Eine während der 1970er-Jahre durchgeführte Untersuchung unter nordrhein-westfälischen Bauern kam zu dem Ergebnis, dass die Mehrheit der Landwirte aus Unsicherheit darüber, welche Pflanzenkrankheiten welche Behandlung erforderten, weiterhin großzügig Chemikalien verspritzten. Eine Umfrage aus dem Jahr 1995 war noch desillusionierender: Danach hielten sich nur acht Prozent der Befragten an die vom Land vorgegebenen Regeln des »integrierten« Pflanzenschutzes. Vertreter des Deutschen Bauernverbandes sprachen ohnehin schon in den 1980er-Jahren mit Blick auf die Kritik an Pestiziden und Überdüngung von »ökologischer Katastrophenmalerei«, die von Nichtbetroffenen und Unkundigen ausgehe.

Richtig daran war, dass Bemühungen um eine ökologische Neuorientierung der Landwirtschaft zunächst gegen und nicht mit den Bauern konzipiert wurden. Sie reflektierten eine veränderte Interessenlage der städtischen Bevölkerungsmehrheit. Nicht allein verblassten hier die Hungererfahrungen der Nachkriegszeit. Nahrungsmittel wurden auch immer billiger: Hatten die Kosten dafür nach dem Zweiten Weltkrieg in Haushalten der Unterschichten noch zwei Fünftel des Budgets ausgemacht, so sank dieser Anteil bis 1980 auf weniger als ein Viertel. Der politische Primat größtmöglicher agrarischer Produktivität wurde deshalb zunehmend infrage gestellt. Auch die staatliche Landschaftsplanung in Nordrhein-Westfalen orientierte sich ab den 1970er-Jahren deutlich weniger an der bäuerlichen Einstellung zu Pestiziden und mehr an Umweltfragen – was prompt ebenfalls Abwehrreflexe unter den Landwirten hervorrief.

Erfolgreicher waren dagegen die Ansätze eines neuen Kurses in der Agrarpolitik des Landes dort, wo es um die Flurbereinigung ging. Denn diese hatte nie die Zustimmung aller Bauern gefunden – zumal sie tendenziell dem Konzentrationsprozess im Agrarsektor Vorschub leistete, der für die Inhaber der kleineren Höfe existenzbedrohend war. Auch die Kritik an der exzessiven Verwendung von Kunstdünger wurde von vielen Landwirten geteilt. Denn die Überdüngung war nicht nur aus Umweltgesichtspunkten bedenklich, sondern auch ein Kostenfaktor. Seit den 1980er-Jahren ging der Verbrauch von Phosphat und Kali in der Landwirtschaft stark zurück, bei Stickstoff kam es immerhin zu einer leichten Verringerung der eingesetzten Mengen.

Gleichzeitig brach die ablehnende Einheitsfront des Bauernverbandes auseinander. Die neu gegründeten Verbände der »Agraropposition« erfuhren unter anderem Zulauf von Landwirten, die auf Kunstdünger und Pestizide vollständig verzichten wollten. Die Zahl dieser rein biologisch wirtschaftenden Betriebe war freilich zunächst klein. Trotz stetiger Zunahme lag sie noch in den frühen 1990er-Jahren nur bei knapp über 300. Zusammen gehörte diesen Betrieben damals deutlich weniger als ein Prozent der landwirtschaftlich genutzten Fläche Nordrhein-Westfalens.

Nach Kräften gefördert von dem für Landwirtschaft und Umwelt zuständigen Düsseldorfer Ministerium, das von 1995 zunächst bis 2005 unter grüner Leitung stand, erfreute sich das zarte Pflänzchen des biologischen »Ökolandbaus« dann zeitweilig eines rasanten Wachstums. Nach Übernahme des Ministeriums durch die CDU gingen die Wachstumsraten zurück. Doch obwohl nach den Landtagswahlen von 2010 die Grünen wieder jahrelang das Sagen hatten, dümpelte der zahlen- und flächenmäßige Anteil der biologisch wirtschaftenden Betriebe in Nordrhein-Westfalen auch danach um die fünf Prozent. Das ist deutlich weniger als etwa im südlich angrenzenden Rheinland-Pfalz, in Bayern oder Brandenburg. Von der in den 1990er-Jahren verkündeten Zielmarke von zehn Prozent ist der Anteil der ökologischen Landwirtschaft in Nordrhein-Westfalen jedenfalls auch nach fast zwei Jahrzehnten grüner Agrarpolitik immer noch weit entfernt.

Ist die Erfolgsbilanz bei der Landwirtschaft also trotz mancher Anzeichen für eine Trendwende doch recht durchwachsen, so hat sich der Zustand des Waldes in Nordrhein-Westfalen entgegen aller Unkenrufe deutlich verbessert. Dabei war den Forsten Anfang der 1980er-Jahre schon ein unmittelbar bevorstehender Tod prophezeit worden. Als damals die Horrornachricht vom »Waldsterben« durch den – papiernen – Blätterwald rauschte, beruhte sie auf den Resultaten einer neuen Methode, die Gesundheit von Bäumen am Zustand ihrer Krone maß. War die Baumkrone voll belaubt, galt der Baum als gesund. Das war damals nur bei gut der Hälfte aller Bäume der Fall. Seitdem hat sich der Anteil der voll belaubten Baumkronen in den nordrhein-westfälischen Forsten sogar noch verringert. Gestorben ist der Wald freilich nicht – im Gegenteil: Alle übrigen Indikatoren weisen darauf hin, dass es dem Patienten immer besser geht, auch wenn es noch manchen Anlass zur Sorge gibt.

So hat die Holzmenge in den nordrhein-westfälischen Forsten während der letzten Jahrzehnte beträchtlich zugenommen. Der dennoch hohe und wachsende Anteil von lichten Baumkronen dürfte großenteils Folge der Altersstruktur in den nordrhein-westfälischen Wäldern sein. Nach dem massiven Raubbau an den Forsten während des Zweiten Weltkrieges und der ersten Nachkriegsjahre gab es um 1950 gewaltige Neupflanzungen. Deshalb überwiegen heute in den Wäldern zwischen Weser und Maas Bäume, die gleichsam schon im Rentenalter sind. Und wie viele alte Männer neigen auch in die Jahre gekommene Bäume dazu, oben kahl zu werden. Das lässt aber nicht unbedingt auf Krankheit schließen. Zudem wachsen kräftige neue Baumgenerationen nach.

Viele Bedingungen für das Wachstum der Wälder sind in den letzten Jahren besser geworden. Seit dem Beginn von Messungen des Säuregehalts der Waldböden 1990 hat dieser im Land deutlich abgenommen. Denn die Forstämter haben in großen Mengen Kalk ausgebracht, um der Übersäuerung der Böden entgegenzuwirken. Zudem hat sich der Säureeintrag durch Regen stark vermindert, weil die Konzentration besonders von Schwefeldioxid in der Luft reduziert wurde. Die Warnungen vor einem »Waldsterben« durch sauren Regen haben, so überzogen sie waren, dazu beigetragen und letzten Endes durchaus positive Folgen gehabt.

Durch die Alarmrufe Anfang der 1980er-Jahre ist zudem auch eine »Waldwende« beschleunigt worden: Statt auf Fichtenmonokulturen, die in Altersklassen gepflanzt und in Kahlschlägen geerntet werden, setzt die Forstwirtschaft im Land mittlerweile mehr auf Mischwald, in dem jedes Jahr einzelne ältere Bäume geschlagen werden. Dieser naturnahe »Dauerwald« ist wesentlich widerstandsfähiger gegen Krankheiten und Sturmschäden als der seit dem 19. Jahrhundert dominierende klassische »Stangenacker« aus zwar schnell wachsenden, aber vielen Waldböden schlecht angepassten Fichten.

Die Gesundung des Waldes wird dauern. Die im 19. Jahrhundert eingeführte moderne Forstwirtschaft hat trotz aller Betonung »nachhaltigen« Wirtschaftens Fehler gemacht, die sich in wenigen Jahrzehnten nicht beheben lassen. Auch die Folgen von langfristiger Übersäuerung und Ablagerung von Schadstoffen durch unkontrollierte Emissionen im Lauf der Industrialisierung können nicht über Nacht beseitigt werden. Der Säuregrad der meisten Waldböden ist nach wie vor zu hoch. Dennoch gibt es deutliche Anzeichen dafür, dass der schon totgesagte Wald in Nordrhein-Westfalen ausgesprochen lebendig ist und bleiben wird. Die Forste sind heute widerstandsfähiger und naturnaher als in den 1980er-Jahren. Ihre Holzmenge hat sich vergrößert.

Und auch ihre Fläche ist in den letzten dreißig Jahren langsam, aber kontinuierlich gewachsen. Auch wenn die Entwicklung der nordrhein-westfälischen Wälder in diesem Zeitraum keine eindeutige Erfolgsgeschichte ist, weisen die meisten Indikatoren doch auf eine Trendwende zum Besseren hin. Für Müllentsorgung und Agrarsektor kann Ähnliches gelten, obwohl die Abstriche an diesem Befund zumindest im Fall der Landwirtschaft wohl noch etwas stärker ausfallen müssen. Geradezu spektakulär waren die Verbesserungen am Umweltzustand von Gewässern und Luft in Nordrhein-Westfalen. Was waren die Gründe für diesen ökologischen Umbruch und Aufbruch?

Im Hintergrund stand *erstens* in allen Fällen ein gesellschaftlicher und politischer Wille zum Wandel. Ob unter Bürgern oder Beamten, Ehrenamtlern oder Profis, Pressevertretern oder Politikern: Überall breitete sich seit den 1970er-Jahren ein neues Interesse an Umweltfragen aus. Belastungen wurden nicht mehr als selbstverständlich und »ortsüblich« hingenommen, gegenüber Umweltsündern kein Auge mehr zugedrückt. Dass das Verhältnis von Ökonomie und Ökologie neu austariert werden müsse, wurde zwar keine allgemeine, aber doch eine weite Kreise ziehende Überzeugung.

Dieser Wandel war also nicht einfach die Folge unerträglich gewordener Umweltbelastungen. Vielfach hatten diese durch frühzeitig verschärfte Gesetze und behördliche Kontrollen schon abgenommen, bevor die grüne Welle durch die Gesellschaft schwappte. Im industriellen Herzen Nordrhein-Westfalens begann sich der Zustand von Luft und Wasser auch durch die Ende der 1950er-Jahre beginnende Entindustrialisierung bereits zu bessern, als dort der Ruf nach einem »blauen Himmel über der Ruhr« lauter wurde. In den Forderungen nach sauberer Umwelt fanden eher gestiegene Ansprüche an die Lebensqualität Ausdruck. Der durch das sogenannte Wirtschaftswunder geschaffene Wohlstand war die Voraussetzung dafür. Materielle und »postmaterielle« Orientierungen schlossen sich dabei nicht aus und gingen oft Hand in Hand. Erst auf der Grundlage materieller Sicherheit konnte die Wertschätzung nichtmaterieller Güter gedeihen, richtete sich das Interesse nun auf Sicherheit vor tatsächlichen oder an die Wand gemalten Umweltkatastrophen.

Vieles an dieser neuen Umweltbewegung war emotional und wenig durchdacht. Das Schreckgespenst des »Waldsterbens« ist ein typisches Beispiel dafür, wie seit den 1980er-Jahren aus an sich schon fragwürdigen Einzelbefunden vollends realitätsfremde apokalyptische Szenarien stilisiert wurden und werden. Auch die Reaktionen auf die Reaktorkatastrophen von Tschernobyl 1986 oder Fukushima 2011 hatten viele hysterische Züge. Vielfach war es jedoch gerade diese emotionale Spontaneität, die ökologisch sinnvollen Reformen zum Durchbruch verhalf. Die Panikreaktionen auf Tschernobyl und Fukushima machten schließlich hierzulande den Ausstieg aus der Kernenergie möglich, wofür es angesichts deren langfristiger Ökobilanz reichlich sachliche Gründe gab. Und die Angst vor dem »Waldsterben« verlieh den Bemühungen um Reinhaltung der Luft neuen Auftrieb.

Allerdings konnten diese Bemühungen *zweitens* nur deshalb von Erfolg gekrönt sein, weil neben dem gesellschaftlichen und politischen Willen zum Wandel auch die technischen Möglichkeiten dafür vorhanden waren. Das ist besonders bei den spektakulären Erfolgsgeschichten über Luft und Wasser offensichtlich. Vor allem in der Industrie, lange Zeit als wichtigste Quelle von umweltschädlichen Emissionen gesehen, kam technischen Innovationen eine zentrale Rolle bei deren Vermeidung zu. Staubfilter, Kalkwäschen, Entschwefelung und Kläranlagen sind nur die bekanntesten Beispiele. Abfälle ließen sich weiter verwerten oder gleich vermeiden, indem die Produktionsverfahren verändert wurden. Insgesamt gelang den meisten Industriebranchen so eine Entkoppelung von Produktivitätssteigerungen und Emissionen.

Die privaten Haushalte und der Verkehr, deren Bedeutung als Verursacher von Umweltproblemen traditionell für zweitrangig gehalten wurde, sind entsprechend stärker in den Vordergrund der Aufmerksamkeit gerückt. Hier haben technische Innovationen Belastungsquellen ebenfalls teilweise entschärft. Das gilt im Verkehr etwa für die Einführung von Katalysatoren und bleifreiem Benzin. Auch der Schadstoffausstoß von Privathaushalten sank – zunächst, weil Heizungen von Kohle auf Öl und Gas umgestellt wurden, und dann, weil angesichts steigender Preise für fossile Brennstoffe seit den 1970er-Jahren verbesserte Dämmungs- und Isolierungstechniken den Heizwärmebedarf verringerten. Bei der Müllentsorgung griff man zwar – ähnlich wie beim Dauerwaldkonzept und bei der biologischen Landwirtschaft – mit dem Recycling auf ein altes Rezept zurück. Die technisch verbesserte Verbrennung von Restabfällen reduzierte aber den Umfang des zu deponierenden Mülls auf einen Bruchteil der früher angefallenen Mengen.

Teilweise wird das Problem des Restmülls allerdings auch durch dessen Export »gelöst«. Dabei gibt weniger der Anstieg des legalen »Mülltourismus« in den letzten zwei Jahrzehnten Anlass zur Sorge. Den Abfällen aus nordrhein-westfälischen Kommunen, die vor allem in den Niederlanden verbrannt werden, stehen ohnehin wesentlich größere Müllmengen aus Osteuropa gegenüber, deren Entsorgung an Rhein und Ruhr ein lukratives Geschäft bedeutet. Bedenklich ist vielmehr der illegale Export von Abfällen. Angesichts immer höherer Umweltstandards ist es für hiesige Unternehmen zunehmend attraktiver geworden, steigende Entsorgungskosten für Müll zu vermeiden, indem sie diesen nach Afrika, Asien, Osteuropa oder Lateinamerika verschiffen. Und das ist nur Teil eines größeren Problems.

Denn *drittens* sind die ökologischen Fortschritte in Nordrhein-Westfalen während der letzten Jahrzehnte teilweise auch durch den Export von Umweltbelastungen ermöglicht worden. Die Wirtschaft des Landes hat in diesen Jahrzehnten ihren Charakter grundlegend verändert. Ihre traditionell schwerindustrielle Prägung ist weitgehend verloren gegangen. Kohle und Stahl dominieren nicht mehr an Rhein und Ruhr. Auch die Textilproduktion, lange im Münsterland und am Niederrhein stark vertreten, ist fast völlig verschwunden. Selbst die chemische Industrie hat seit den 1990er-Jahren Arbeitsplätze in Nordrhein-Westfalen abgebaut. Alle diese Branchen gehörten in der Vergangenheit zu den größten Verursachern von Umweltschäden. Und sie sind das immer noch – nur eben nicht mehr auf nordrhein-westfälischem Gebiet.

Der Export von Umweltbelastungen hat sich auf zwei Wegen vollzogen: durch internationale Konkurrenz und durch die Auslagerung von industriellen Arbeitsplätzen. In Nordrhein-Westfalen produzierende Unternehmen aller genannten Industriebranchen sahen sich in der zweiten Hälfte des 20. Jahrhunderts mit erhöhten Arbeitskosten konfrontiert, die ihre internationale Konkurrenzfähigkeit zunehmend infrage stellten. Im Steinkohlenbergbau kamen noch vergleichsweise hohe Produktionskosten dazu. Entweder gingen die Unternehmen deshalb ein oder sie verlagerten ihre Produktion ins Ausland, wo sich kostengünstiger herstellen ließ – auch weil dort Umweltauflagen wesentlich geringer waren.

Die Bewohner Nordrhein-Westfalens beziehen ihre Energie deshalb mittlerweile nicht mehr von der Ruhr, sondern zu großen Teilen aus Russland. Die von ihnen getragene Kleidung stammt nicht mehr aus dem Münsterland oder vom Niederrhein, sondern aus asiatischen oder afrikanischen Textilfabriken. Der hierzulande verwendete Stahl kommt häufig aus China oder Indien, Chemieprodukte oft aus Lateinamerika. Der Rhein und die Wupper sind auch deswegen wieder sauberer, der Himmel über dem Ruhrgebiet auch deswegen wieder blau, weil die Abwässer, die bei der Erzeugung dieser in Nordrhein-Westfalen konsumierten Produkte anfallen, jetzt anderswo in Flüsse eingeleitet und Abgase jetzt anderswo in die Luft geblasen werden.

### Neue und alte Probleme

Das Reden über Umweltprobleme hat oft eine Schlagseite. Denn schuld sind daran meist andere. So galt die Industrie lange als größter Verursacher. Die Verantwortung von Privathaushalten, die seit Beginn der Industrialisierung ihren Teil zur Verschmutzung von Luft und Wasser beitrugen, wurde dagegen ebenso gerne ausgeblendet wie die Frage, für wen die Industrie denn eigentlich produzierte. Zerstörung von Landschaft und Artenvielfalt wurde und wird vielfach auf das Sündenkonto der Bauern gebucht – ohne zu berücksichtigen, dass deren Tätigkeit immerhin die Grundlage menschlichen Lebens überhaupt darstellt.

Beim Verkehr fällt diese sorglose Schuldzuweisung etwas schwerer. Denn hier lässt sich die eigene, persönliche Verantwortung für umweltbelastende Emissionen kaum übersehen. Zudem ist die Belastung durch den motorisierten Individualverkehr in den letzten Jahrzehnten stark angestiegen. Während andere Umweltprobleme an Bedeutung verloren haben, hat sich mit der Automobilisierung ein neues Problem aufgetan.

Wohl kaum etwas dürfte das Leben der Menschen in Nordrhein-Westfalen seit dem Zweiten Weltkrieg stärker verändert haben als die Verbreitung des Automobils. Private Kraftwagen waren bis zur Gründung des Landes 1946 noch kein allzu häufiger Anblick gewesen. Auf 240 Menschen kam damals ein einziger Pkw; das waren nicht mehr als 50 000 im ganzen Land. Die Mehrheit der Kraftfahrzeuge waren 1946 noch Motorräder und Lastwagen. Auch deren Zahl war freilich kaum höher. Auf den Straßen überwogen Pferdewagen. Bis weit in die 1950er-, in den Landkreisen auch bis in die 1960er-Jahre, sollten diese sich mit Automobilen die Straßen teilen. Selbst in größeren Städten wie Wuppertal fuhren ein Jahrzehnt nach Kriegsende oft noch von Pferden gezogene Kutschen durch die Stadt.

Die rasante Automobilisierung machte daraus jedoch bald Relikte einer anderen Zeit. Anfang der 1960er-Jahre konnte bereits jeder sechste Einwohner Nordrhein-Westfalens einen Personenkraftwagen sein Eigen nennen. 1975 war es schon deutlich mehr als jeder vierte. In den Landkreisen fuhren dabei stets die meisten Autos pro Kopf der Bevölkerung. Aber auch in den kreisfreien Städten beherrschten die Automobile das Straßenbild.

Damit der wachsende Individualverkehr rollen konnte, wurden bis zur Jahrtausendwende immer mehr Straßen gebaut. Gelegentlich mussten dafür ganze Stadtviertel Platz machen: 1974 verschwanden etwa in Wuppertal 50 Gewerbebetriebe, 65 Häuser und eine Kirche, damit an deren Stelle das Sonnborner Autobahnkreuz entstehen konnte. Die umweltfreundlicheren öffentlichen Verkehrsmittel traten den Rückzug an. Eisenbahnstrecken wurden stillgelegt, Straßenbahnen aus dem Stadtbild verbannt. Letztere stellten in vielen nordrhein-westfälischen Städten bereits in den 1950er- oder 1960er-Jahren den Betrieb ein.

Doch alle Bemühungen, Städte und Kreise »autogerecht« zu machen, konnten letzten Endes mit dem immer weiter wachsenden Verkehrsaufkommen kaum Schritt halten. Seit den späten 1970er-Jahren mehrten sich Proteste gegen Straßenbauprojekte. Anwohner beschwerten sich über Lärm und Abgase, Naturschützer über Bodenversiegelung und Gefahren für Biotope. In diesem Fall war das nicht nur eine Frage gestiegener Ansprüche: Anders als in anderen Bereichen hatten die Belastungen beständig zugenommen. In den Zeitungen war die Rede davon, dass zumindest den Innenstädten der »Verkehrsinfarkt« drohe. Die Befürworter des Prinzips der »autogerechten Stadt« in den Verwaltungen reagierten, indem sie vermehrt sogenannte Entlastungsstrecken und Ortsumgehungen bauen ließen. Die Staus nahmen besonders auf den Ein- und Ausfallstraßen der städtischen Zentren dennoch zu. Das Prinzip der »autogerechten« Verkehrsplanung geriet nun grundsätzlich in die Kritik. Nichtsdestotrotz stieg die Pkw-Dichte weiter an. Zur Jahrtausendwende hatte statistisch gesehen mehr als jeder zweite Bewohner Nordrhein-Westfalens ein Automobil – einschließlich derjenigen ohne Führerschein.

Die Faszination, die trotz aller offensichtlichen Kollateralschäden von der umfassenden Automobilisierung ausging, schien ungebrochen. Angesichts der Chancen, die der Besitz eines privaten Kraftfahrzeugs für den Einzelnen mit sich brachte, konnte das auch kaum anders sein. Zusammen mit dem wachsenden Wohlstand eröffnete der Autobesitz eine bisher ungekannte Freiheit. Er ermöglichte nicht nur Individualtourismus größerer Reichweite. Wer einen eigenen Wagen besaß, war auch außerhalb der Urlaubszeit bei der Freizeitgestaltung nicht mehr an Fahrpläne öffentlicher Verkehrsmittel gebunden und auf Haltestellen von Bussen und Bahnen angewiesen. Dieser Umstand hatte zudem einen selbstverstärkenden Effekt: Je mehr Menschen deshalb mit dem eigenen Auto unterwegs waren, desto weniger rentabel wurden die öffentlichen Verkehrsmittel, desto geringer wurde auf Dauer deren Angebot, was wiederum den privaten fahrbaren Untersatz attraktiver machte. Dessen Besitz erweiterte überdies auch in der Arbeitswelt die Möglichkeiten des Einzelnen, vergrößerte die Automobilität doch den Radius, in dem man einen Arbeitsplatz annehmen konnte. Besondere Attraktivität hatten diese Perspektiven im ländlichen Raum, wo Arbeitsplätze und Freizeitangebote dünn gesät und weit verstreut waren.

Es fehlte zwar nicht an Versuchen, die umweltbelastenden Konsequenzen der Automobilisierung zu begrenzen. Steigende Ölpreise machten seit 1974 die Konstruktion benzinsparender Motoren attraktiv. Die Einführung des Katalysators und bleifreien Treibstoffs verringerte ab den 1980er-Jahren die Emissionen pro gefahrenen Kilometer beträchtlich. Das wurde freilich durch die Zunahme von Fahrleistung und Zahl zugelassener Wagen wieder wettgemacht. Steigende Durchschnittseinkommen führten außerdem dazu, dass Autos beständig größer, schwerer und damit »durstiger« wurden. Die wachsende Popularität spritfressender Allradfahrzeuge konterkarierte die Spareffekte bei der Motortechnologie erst recht.

Die um die Jahrtausendwende eingetretene Stagnation beim Grad der Automobilisierung bedeutet insofern in ökologischer Hinsicht keine Entwarnung. Seit etwa dem Jahr 2000 hat zwar die Zahl der Personenkraftwagen in Nordrhein-Westfalen absolut und relativ zur Einwohnerzahl kaum noch zugenommen. In vielen größeren Städten des Landes nahm sie sogar geringfügig ab. Dort sind besonders seit den 1990er-Jahren die öffentlichen Verkehrsmittel wieder ausgebaut worden. Zudem haben sich Konsumgewohnheiten verändert: Der Einkaufsbummel am Computer ersetzt teilweise den in den Innenstädten und Einkaufszentren, die Lieferung per Lastkraftwagen die »Shoppingtour« mit dem eigenen Fahrzeug. Verkehrsströme sind dadurch freilich nicht verringert, sondern allenfalls verlagert worden.

Nimmt man die Menge an ausgestoßenen Treibhausgasen als Maßstab, dann waren in den 1990er-Jahren Verkehr und Privathaushalte die einzigen Bereiche, deren Beitrag zur Umweltbelastung in Nordrhein-Westfalen anstieg. Seitdem sind die

Emissionen des Verkehrs wie die aller anderen Sektoren in absoluten Zahlen gesunken. Der relative Anteil von Verkehr und Haushalten am Ausstoß von Treibhausgasen ist jedoch bis 2015 noch etwas weiter gestiegen. Dagegen verringerte sich der Anteil der industriellen Emissionen stark. 1990 war die Industrie im Land noch für deutlich mehr Treibhausgasemissionen verantwortlich als Verkehr und Privathaushalte zusammen. 25 Jahre später hatte sich das Verhältnis umgekehrt.

Die größte Umweltbelastung geht in Nordrhein-Westfalen, an diesem Maßstab gemessen, allerdings nach wie vor von einem alten Problemkind aus: der Energiewirtschaft. Die Umwandlung fossiler Energie in elektrischen Strom, Kraft oder Wärme ist seit Beginn der Industrialisierung das Rückgrat der regionalen Ökonomie gewesen. Seitdem war sie auch aus ökologischer Sicht das größte Problem – und ist es bis heute geblieben. Die absolute Menge der Treibhausgase, die bei der Energieumwandlung in Nordrhein-Westfalen entsteht, hat sich seit Ende der 1980er-Jahre kaum verändert. Ihr relativer Anteil ist wie der des Verkehrs beträchtlich gestiegen: 2015 entfiel mehr als die Hälfte der Emissionen landesweit auf den Energiesektor.

Bei seiner Gründung 1946 galt Nordrhein-Westfalen zu Recht als Land von Kohle und Stahl. Der Montanbereich hat seitdem zwar stark an Bedeutung verloren, und die Schließung der letzten Steinkohlenzechen auf Landesgebiet ist absehbar. Die Geschichte der Kohleförderung im Land wird damit freilich nicht zu Ende sein. Denn der Braunkohletagebau setzt die Tradition des »Energielandes« NRW fort. Tatsächlich hat die westlich des Rheins in der Ville abgebaute Braunkohle das Erbe der Steinkohle übernommen – als Energielieferant wie als Umweltproblem Nummer eins.

Die Geschichte des rheinischen Braunkohlereviers begann schon vor zweihundert Jahren. Doch stand das Revier dort lange im Schatten des Ruhrgebiets. Der Aufstieg der Braunkohle zum wichtigsten Energielieferanten in Nordrhein-Westfalen vollzog sich parallel zum Abstieg der Steinkohle in der zweiten Hälfte des 20. Jahrhunderts. Lag die jährliche Förderung in der Ville 1950 noch bei gut 60 Millionen Tonnen, so verdoppelte sie sich bis 1984 auf 120 Millionen. Braunkohle ist unter den heimischen fossilen Energiequellen seit Jahrzehnten die einzige, die zu international konkurrenzfähigen Preisen gefördert werden kann. Angesichts wachsenden Energiebedarfs galt die Ausweitung des Tagebaus in der Ville lange Zeit als alternativlos. Was so als ökonomisch unumgänglich erschien, wurde schon frühzeitig aber auch als ökologisch bedenklich kritisiert.

Bereits in den 1950er-Jahren war im Zusammenhang mit dem Braunkohletagebau von »Landschaftszerstörung« die Rede. Bis zu 450 Meter tief fraßen sich seitdem die monströsen Abbaubagger in bisher über 30 000 Hektar Land. Ganze Dörfer mit insgesamt mehr als 30 000 Einwohnern wurden umgesiedelt, um ihnen Platz zu machen. Es waren vor allem diese Anwohner und die Landwirte vor Ort, von denen frühzeitig Protest ausging. Für diese unmittelbar Geschädigten bringt der Tagebau unbestreitbare Härten mit sich. Die langfristigen Konsequenzen für Flora und Fauna im betroffenen Gebiet sind allerdings kaum abzuschätzen. Die größtenteils tellerflache Landschaft der Ville wurde seit Langem intensiv landwirtschaftlich genutzt und war bereits entsprechend artenarm, bevor die Bagger anrückten. Wo diese schon weitergezogen sind, ist Landwirtschaft auf rekultivierten Flächen oft weniger ertragreich, die Artenvielfalt aber gerade deswegen sogar höher.

Am stärksten belastet der Braunkohletagebau die Umwelt dadurch, dass ein Leerpumpen der Gruben das Grundwasserniveau absenkt. Das hat negative Folgen besonders für Feuchtbiotope wie auch für die Landwirtschaft. Durch das Umwälzen gewaltiger Mengen an Boden können zudem vermehrt Schadstoffe ins Grundwasser gelangen. Angefangen mit dem Gesetz über den Erftverband von 1958 wurde durch zahlreiche Regelungen auf Landesebene zwar versucht, diese ökologischen Probleme einzuschränken. Beseitigen ließen sie sich aber nicht. Die negativen ökologischen Einflüsse auf den Wasserhaushalt blieben keineswegs nur auf die unmittelbare Nähe der Tagebaue beschränkt, sondern betreffen knapp ein Zehntel der Fläche Nordrhein-Westfalens.

Die Emissionen von Schadstoffen in die Luft, die durch Abbau und Verstromung der Braunkohle entstehen, wurden in den letzten Jahrzehnten stetig gesenkt. Bis in die 1950er-Jahre waren Brikettfabriken und Kraftwerke zur Verstromung von Braunkohle regelrechte Dreckschleudern. Durch den Einbau von Filteranlagen gelang es dann, den Staubauswurf massiv zu reduzieren. Gleiches geschah in den ersten Jahren nach der Jahrtausendwende, als der bis dahin ignorierte Feinstaub als Umweltgefahr entdeckt wurde. Im Vergleich mit Industrie, Verkehr oder Privathaushalten ist die Braunkohlewirtschaft auch beim Ausstoß anderer Schadstoffe in den letzten Jahrzehnten nicht mehr sonderlich auffällig.

Anders sieht es bei den Treibhausgasen aus, die ab den 1980er-Jahren zunehmend Aufmerksamkeit auf sich zogen. So ist die Verarbeitung von Braunkohle für den Großteil aller Kohlendioxid-Emissionen in der nordrhein-westfälischen Energiewirtschaft verantwortlich, ihr Beitrag beträgt etwa ein Drittel. Das ist der höchste Anteil unter allen Verursachern im Land. Braunkohle-Kraftwerke sind zudem gewaltige Energieverschwender: Ihr Wirkungsgrad ist etwas niedriger als bei der Verstromung von Steinkohle und deutlich geringer als bei der von Erdgas – und die Emission von Treibhausgasen pro gewonnener Kilowattstunde elektrischer Energie entsprechend höher.

Der Braunkohletagebau ist damit auf Nordrhein-Westfalen bezogen der wichtigste Verursacher des globalen Klimawandels. Dieser ist im Land bereits deutlich messbar. Die Durchschnittstemperatur ist in den letzten Jahrzehnten im langjährigen Mittel um mehr als ein Grad Celsius gestiegen – von etwas unter neun Grad 1979 auf über zehn Grad 2008. Die Folgen sind ambivalent. Einerseits konzentrieren sich Niederschläge zunehmend auf Winter und Frühling, statt sich wie früher gleichmäßiger über das ganze Jahr zu verteilen. Die dadurch verursachten Probleme für die Landwirtschaft werden durch häufigeres Auftreten von Starkregen, der zu Erosion führt, verschärft. Andererseits verlängern die gestiegenen Durchschnittstemperaturen die Vegetationsperiode und erhöhen so auch die landwirtschaftlichen Erträge. Bei einigen Tier- und Pflanzenarten gehen die Bestände zurück, andere profitieren dagegen vom Klimawandel.

Die dramatischsten Folgen hat dieser Wandel außerhalb der Grenzen Nordrhein-Westfalens – in Küstengebieten vor allem, die durch den Anstieg des Meeresspiegels bedroht sind, und im globalen Süden, wo die negativen Folgen des Temperaturanstiegs die positiven vielfach überwiegen. Was bis in die 1970er-Jahre für die »Politik der hohen Schornsteine« in Nordrhein-Westfalen galt, gilt bis heute für die hier geförderte Braunkohle: Ihre ökologischen Folgen muss man hierzulande allenfalls teilweise selbst ertragen. Größtenteils werden sie exportiert. Der Kreis der Geschädigten hat sich erweitert. Unter den Schadstoffen, die während der 1970er-Jahre durch die hohen Schornsteine geblasen wurden, litten vor allem andere Regionen Deutschlands. Heute tragen die von den rheinischen Braunkohlekraftwerken emittierten Treibhausgase zu den Problemen bei, die vom Klimawandel im globalen Maßstab ausgehen.

## Große und kleine Politik

Die rheinische Braunkohle ist in mancher Hinsicht letztes Erbe der Tradition Nordrhein-Westfalens als Industrieland. Dabei sind es nicht nur ökonomische Notwendigkeiten, die das Festhalten an ihr erklären. Auch historisch gewachsene Mentalitäten haben dazu beigetragen, eine konsequentere Ausrichtung der Wirtschaft des Landes auf regenerative Energien und zukunftsorientierte Umwelttechnik zu verhindern. Fossile Energien und der ihnen angeschlossene Montansektor machten Nordrhein-Westfalen und seine Bewohner in der Zeit der Industrialisierung reich. Deshalb überrascht es wenig, wenn weite Kreise sich lange daran klammerten und das zum Teil immer noch tun.

In den Diskussionen um die Zukunft der Braunkohle klingen nicht selten die Erfahrungen des Niedergangs von Steinkohlenzechen und Stahlhütten nach. Deren Agonie ging mit rapidem Anstieg der Arbeitslosenquoten und Verödung ganzer Stadtteile im Ruhrgebiet einher. Diese Erfahrungen standen im Hintergrund, als Nordrhein-Westfalen um 1970 für etwa anderthalb Jahrzehnte die Vorreiterrolle aufgab, die es in Umweltfragen während der 1960er-Jahre bundesweit gespielt hatte. Das Land wurde im Bund umso mehr zum umweltpolitischen Bremser, je stärker die Bekämpfung der Kohle- und Stahlkrise an der Ruhr für die sozialdemokratisch geführte Landesregierung zuerst unter Heinz Kühn und dann unter Johannes Rau oberste Priorität gewann. Die christdemokratische Opposition im Düsseldorfer Landtag trug die Kohlevorrangpolitik mit.

Die Ölkrisen der 1970er-Jahre lieferten dafür zusätzliche Motive. Wenn die Versorgung mit importiertem Erdöl und Erdgas sich als riskant erwies – war es dann nicht besser, doch auf die heimische Kohle zu setzen? Das Argument der Versorgungssicherheit rechtfertigte milliardenschwere Subventionen für die am Weltmarkt längst nicht mehr konkurrenzfähige Steinkohle. Bei der Braunkohle kletterte die Förderung während der 1970er- und der ersten Hälfte der 1980er-Jahre auf neue Höchststände.

Alternativen schien es angesichts des stetig wachsenden Energiehungers von Privathaushalten und Industrie einstweilen nicht zu geben. Zwar war 1971 im ostwestfälischen Würgassen der erste vollständig kommerziell genutzte Atomreaktor der Bundesrepublik Deutschland in Betrieb gegangen. Die Hoffnungen auf Kernkraft konzentrierten sich in Nordrhein-Westfalen aber vor allem auf zwei andere Projekte: den Hochtemperaturreaktor in Hamm-Uentrop und den »Schnellen Brüter« in Kalkar, deren Bau sich bis Mitte der 1980er-Jahre hinzog.

So war es symptomatisch, dass die sozialliberale Landesregierung noch Ende der 1970er-Jahre im Luftreinhalteplan Ruhrgebiet West den Bau höherer Schornsteine als umweltpolitische Maßnahme verteidigte. Danach begann sich jedoch ein langsamer Wandel abzuzeichnen. Ende 1979 wurde ein Landesverband der neuen Partei »Die Grünen« in Nordrhein-Westfalen gegründet. 1983 zogen die Grünen, von der öffentlichen Diskussion über das »Waldsterben« profitierend, in den Bundestag ein. Die nordrhein-westfälische SPD reagierte wenige Monate darauf mit einem Umweltprogramm, um der grünen Konkurrenz den Wind aus den Segeln zu nehmen. Sie versprach darin die Einführung eines »Waldpfennigs«, unverbleites Benzin und eine Reform der Abfallwirtschaft. Kraftwerke sollten für hohe Emissionswerte mit Abgaben belastet werden. Die sozialdemokratische Umarmungstaktik gelang: Bei den nächsten Landtagswahlen 1985 verpassten die Grünen knapp den Einzug ins Düsseldorfer Parlament.

Die SPD, seit 1980 allein regierend, erweiterte das Ministerium für Landwirtschaft nun um den Bereich Umwelt. Der neue und alte Ressortchef Klaus Matthiesen setzte tatsächlich schärfere Umweltauflagen für Kraftwerke durch. Die Förderung von

Braunkohle ging ein wenig, die von Steinkohle schnell zurück. Das war allerdings auch eine Folge von Einsparungen besonders bei den industriellen Verbrauchern. Angesichts der im Gefolge der Ölkrisen gestiegenen Energiepreise wurden Methoden zur Effizienzsteigerung attraktiver. Es gelang damit erstmals, den Anstieg industrieller Produktivität vom Anstieg des Energieverbrauchs zu entkoppeln.

An der Politik des Kohlevorrangs hielt die sozialdemokratische Landesregierung jedoch weiter fest. Ministerpräsident Johannes Rau erklärte im Düsseldorfer Landtag 1993, der Steinkohlenbergbau werde auch in 25 Jahren noch kein Auslaufmodell sein. Die Fortsetzung des vergleichsweise konkurrenzfähigeren Braunkohletagebaus, der im Gegensatz zur Steinkohlenförderung nicht subventioniert werden musste, war für die SPD erst recht selbstverständlich. Von der größten Oppositionspartei CDU kam in dieser Hinsicht kein wirklicher Widerstand. 1995 stimmten nur die Grünen, fünf Jahre zuvor erstmals in den Landtag eingezogen, gegen eine Ausweitung des Braunkohleabbaus auf das Gebiet Garzweiler II.

Wachsende Differenzen gab es zwischen den beiden größten Parteien dagegen über die Nutzung der Atomkraft. Während die CDU wie auch die FDP auf deren Ausbau drängten, standen die Sozialdemokraten der Kernenergie immer kritischer gegenüber. Dahinter verbarg sich einerseits das wahltaktische Motiv, den Grünen auf diese Weise weiter das Wasser abgraben zu können. Andererseits erwiesen sich aber auch die anfänglich sehr großen Erwartungen an die Kernenergie als zu optimistisch. Das Projekt des »Schnellen Brüters« entpuppte sich als technischer Irrweg, denn die Kalkarer Anlage ging nie in Betrieb. Der Hochtemperaturreaktor in Hamm-Uentrop wurde Ende der 1980er-Jahre nach nur zwei Jahren Betriebszeit wegen fehlender Wirtschaftlichkeit stillgelegt. Die Kernschmelze von Tschernobyl erhöhte zudem schon 1986 die bereits vorhandenen Sicherheitsbedenken gegenüber der Nukleartechnik. Mit der Abschaltung des Kernkraftwerks in Würgassen acht Jahre später vollzog Nordrhein-Westfalen einen völligen »Atomausstieg«.

Bei den Landtagswahlen von 1995 konnten die Grünen die Zahl ihrer Mandate verdoppeln. Eine Fortsetzung der sozialdemokratischen Alleinregierung war damit nicht mehr möglich. Die SPD bildete mit den Grünen eine Koalition. Zu einer Revision der Entscheidung für Garzweiler II kam es dennoch nicht: Die Grünen scheiterten in ihrem Bemühen darum an einer einheitlichen »Kohlefraktion« aus SPD, CDU und FDP. Allerdings konnte die grüne Umweltministerin Bärbel Höhn gegen den Widerstand des neuen sozialdemokratischen Ministerpräsidenten Wolfgang Clement den Bau eines gasbetriebenen Großkraftwerks im Raum Köln durchsetzen. Da gleichzeitig die rot-grüne Bundesregierung den Ausbau regenerativer Energien förderte, wurde die Verstromung von Kohle in Nordrhein-Westfalen immer weniger rentabel.

Christ- und freidemokratische Opposition griffen die grüne Umweltministerin als personifiziertes »Investitionshindernis« an. Nach der Niederlage der rot-grünen Koalition bei den Landtagswahlen von 2005 bildeten CDU und FDP eine neue Regierung. Unter ihr begann im nächsten Jahr der Abbau von Braunkohle im Tagebau Garzweiler II.

Von 2010 bis 2017 regierte dann wieder eine Koalition aus SPD und Grünen. Sie setzte neue umweltpolitische Akzente. Der grüne Umweltminister Johannes Remmel nahm den Klimaschutz an erster Stelle in die Bezeichnung seines Ressorts auf. 2013 verabschiedete der Landtag gegen die Stimmen von CDU und FDP das erste Klimaschutzgesetz eines deutschen Bundeslandes. Es sieht bis 2020 zunächst vor, die Emissionen von Treibhausgasen gegenüber dem Stand von 1990 um ein Viertel zu senken. Dieses Ziel war 2015, als die dafür vorgesehenen Maßnahmen in einem Klimaschutzplan festgelegt wurden, schon fast erreicht. Wesentlich komplizierter wird es sein, die im Plan formulierten »Zielkorridore« und »Orientierungswerte« für die Zeit danach zu erreichen. Denn bis 2030 soll der Ausstoß von Treibhausgasen gegenüber dem Ausgangsjahr 1990 um etwa 40, bis 2050 um mindestens 80 Prozent gesenkt werden. Dafür wären gewaltige Fortschritte zumindest in den Bereichen Verkehr, Gebäude, Dienstleistungen und vor allem bei der Energieumwandlung nötig.

Zwar legte sich die rot-grüne Landesregierung 2016 darauf fest, das für den Abbau von Braunkohle im Tagebau Garzweiler II vorgesehene Gebiet um ein knappes Drittel zu verkleinern. Doch diese Entscheidung, von CDU und FDP bekämpft und auch innerhalb der Sozialdemokratie umstritten, ist durchaus umkehrbar. Die Abwahl der Regierung im folgenden Jahr führte die Kurzlebigkeit umweltpolitischer Konjunkturen deutlich vor Augen.

Die Wirkung von Klimaschutzplänen mit Jahrzehnte entfernten Zielmarken ist ohnehin ambivalent. Einerseits zeigen solche Pläne Perspektiven auf. Als Leitschnur sind sie unerlässlich. Andererseits stecken sie einen Zeitrahmen ab, der um ein Vielfaches länger ist als der von Legislaturperioden. Klimaschutzpläne setzen Ziele, die den gewöhnlichen Horizont politischen Handelns in Parlamenten und Parteien weit übersteigen. Sie dienen nicht zuletzt auch dem Ausweis von Aktivität: Seht her, wir tun etwas für die Umwelt. Das Aufstellen von langfristigen Zielmarken kann sogar als Alibi für das tatsächliche Ausbleiben konkreter Maßnahmen im Hier und Jetzt herhalten. Denn konkrete Klimaschutzpolitik verursacht im politischen Alltagsgeschäft Konflikte, sie kann Wähler verschrecken – und wird eben auch deshalb gerne in die Zukunft verschoben.

Das Aufstellen von Jahrzehnte entfernten Planzielen für die Verringerung des Ausstoßes von Treibhausgasen suggeriert zudem: Die vom Klimawandel ausgehenden Gefahren sind erkannt, die »große Politik« hat die Sache mehr oder weniger bereits im Griff. Dann ist es nur noch ein kleiner Schritt zu der Schlussfolgerung, im Grunde sei das Problem schon gelöst, die individuelle Verantwortung der Bürger und »kleinen Leute« für ihr Gemeinwesen nicht mehr gefragt. Das aber wäre wohl ein großer Irrtum.

Denn bisher waren es gerade die »kleinen Leute«, denen umweltpolitische Durchbrüche in Nordrhein-Westfalen ganz wesentlich zu verdanken waren. Ohne das massenhafte Engagement der Bürger in Naturschutzvereinen und Bürgerinitiativen seit den späten 1950er-Jahren wäre es zu dem damals einsetzenden ökologischen Aufbruch nicht gekommen. Und ohne die späteren Wahlerfolge der Grünen hätte es wahrscheinlich keine dauerhafte Vertiefung und Etablierung des Umweltbewusstseins in der Gesellschaft gegeben. Nicht zufällig leitete das Wasserhaushaltsgesetz Ende der 1950er-Jahre den Durchbruch ein, als mit dem Ende des Wiederaufbaus die nötigsten Lebensbedürfnisse erfüllt waren und das Interesse der Bürger sich auf Fragen der Lebensqualität verlagerte. Zu wirklichen Fortschritten in der Luftreinhaltung kam es in Nordrhein-Westfalen erst, als diese nicht mehr nur das Anliegen einzelner Lobbyisten war, sondern zu dem breiter Bevölkerungskreise wurde. Und ohne deren langfristige Umorientierung von Quantität auf Qualität bei Nahrungsmitteln hätte es keinen Paradigmenwechsel im Agrarsektor, ohne die weitverbreitete Angst vor dem »Waldsterben« keine Wende in der Forstwirtschaft gegeben. Die Sensibilisierung von Politik, Presse und Wissenschaft vollzog sich dabei jeweils in enger Wechselwirkung mit der Mobilisierung der »kleinen Leute«.

Es spricht deshalb viel dafür, dass es nicht ohne diese gehen wird, wenn das Bemühen um eine Begrenzung des globalen Klimawandels Erfolg haben soll. Vielleicht werden die Bemühungen um den Schutz des Klimas aber auch gerade auf der Ebene der »kleinen Politik« scheitern. Denn von verschmutzten Gewässern, Rauch und Ruß in der Luft, saurem Regen oder Pestizidrückständen im Essen waren oder sind die Bürger Nordrhein-Westfalens direkt betroffen. Das gilt für den Klimawandel nicht in gleichem Maß. Dafür sind seine Folgen im Land noch zu ambivalent und vage.

Mehr noch: Während die Bekämpfung von Umweltschäden in der Vergangenheit fühlbar Lebensqualität steigerte, droht der Kampf gegen den Klimawandel diese jetzt nicht selten einzuschränken. Ausflüge mit dem Auto, Flugreisen, überhaupt individuelle Mobilität fast aller Art gehen mit dem Ausstoß von Treibhausgasen einher. Solche Emissionen sind auch die Voraussetzung dafür, sich jeden Tag an einen mit Köstlichkeiten aus aller Welt gedeckten Tisch setzen zu können. So sehr das bereits Konsequenzen im globalen Maßstab hat und in der Zukunft noch haben wird, so wenig sind diese für den Einzelnen hierzulande konkret spürbar.

Der Klimawandel ist freilich nur ein Aspekt eines wesentlich größeren globalen Umweltproblems: der chronischen Übernutzung natürlicher Ressourcen. Diese Übernutzung lässt sich am einfachsten mit dem in den 1990er-Jahren entwickelten Konzept des ökologischen Fußabdrucks messen. Das Konzept hat den Vorteil, dass es auch den Export von Umweltbelastungen mit berücksichtigt. Danach verbrauchte die Bevölkerung Nordrhein-Westfalens 2012 über fünfmal mehr Ressourcen, als während dieses Jahres im Land nachwuchsen. Wenn alle Bewohner des Planeten ein ähnlich hohes Konsumniveau hätten, müsste es mehr als drei Erden geben, um den globalen Bedarf an Ressourcen dauerhaft nachhaltig zu befriedigen. Tatsächlich ist der durchschnittliche weltweite ökologische Fußabdruck nur halb so groß. Die Weltbevölkerung verbraucht damit allerdings bereits über anderthalbmal mehr Ressourcen, als auf der ganzen Erde nachwachsen – mit steigender Tendenz.

Wenn diese Entwicklung weiter anhält, werden Verteilungskämpfe um Ressourcen – Land, Wasser, Nahrung, Energiequellen – weltweit zunehmen. In den weniger wohlhabenden Ländern des globalen Südens macht sich das bereits durch Kriege und Versorgungsausfälle bis hin zu Hungersnöten bemerkbar. Früher oder später werden diese Folgen der Übernutzung von Ressourcen auch auf Europa und Nordrhein-Westfalen übergreifen; die Fluchtwellen der letzten Jahre sind erste Vorboten davon.

Verhindern lässt sich dieses Zukunftsszenario auf Dauer nur durch eine Verkleinerung des ökologischen Fußabdrucks. Historische Erfahrungen lassen allerdings daran zweifeln, ob es allein mit den Mitteln »großer Politik« gelingen wird, den Ressourcenverbrauch so weit zu verringern, dass er auf nachhaltige Weise gedeckt werden kann. Während der Industrialisierung, als Bemühungen um einen Schutz der Umwelt vor allem von staatlichen Behörden ausgingen, war das Resultat dieser autoritären Eingriffe von oben alles andere als effektiv. Die anfänglichen Hoffnungen, die viele Naturschützer auf die nationalsozialistische Diktatur setzten, wurden aufs Bitterste enttäuscht. Erst Druck von unten hat in der nach 1945 entstandenen demokratischen Gesellschaft einen umweltpolitischen Wandel an Rhein und Ruhr bewirkt. Bei den jetzt auf globaler Ebene anstehenden Problemen wird es nicht anders sein. Ob Nordrhein-Westfalen wirklich in einem »ökologischen Zeitalter« ankommt, hängt letzten Endes auch von der Ebene der »kleinen Politik« ab – vom alltäglichen Verhalten seiner Bürger.

# Literaturhinweise

Die **regionale Umweltgeschichte vor dem 19. Jahrhundert** auf dem Gebiet des späteren Nordrhein-Westfalen ist bisher noch weitgehend unerforscht. Allgemeine Informationen enthalten die Beiträge in Bernd Herrmann (Hrsg.), *Mensch und Umwelt im Mittelalter* (1986 u. ö.), und Reinhold Reith, *Umweltgeschichte der Frühen Neuzeit* (2011). Eine vorzügliche Einführung in Fragen um die »Holznot« bietet Bernd-Stefan Grewe, »›Man sollte sehen und weinen!‹ Holznotalarm und Waldzerstörung vor der Industrialisierung«, in: *Wird Kassandra heiser? Die Geschichte falscher Ökoalarme,* hrsg. von Frank Uekötter und Jens Hohensee (2004); regionale Fallstudien dazu gibt es zu Lippe von Ingrid Schäfer, *Ein Gespenst geht um* (1992), und zum Sauerland von Bernward Selter, *Waldnutzung und ländliche Gesellschaft* (1995).

Die **Epoche der Hochindustrialisierung bis 1914** wird analysiert von Ulrike Gilhaus, *»Schmerzenskinder der Industrie«: Umweltverschmutzung, Umweltpolitik und sozialer Protest im Industriezeitalter in Westfalen 1845–1914* (1995); Franz-Josef Brüggemeier und Thomas Rommelspacher, »Umwelt«, in: *Das Ruhrgebiet im Industriezeitalter,* hrsg. von Wolfgang Köllmann u. a. (1990); Peter Hüttenberger, »Umweltschutz vor dem Ersten Weltkrieg«, in: *Staat und Wirtschaft an Rhein und Ruhr*

*1816–1991*, hrsg. von Hein Hoebink (1992). Anschaulich zu Teilaspekten sind auch Gerd Spelsberg, *Rauchplage. Zur Geschichte der Luftverschmutzung* (1984), und Ralf Henneking, *Chemische Industrie und Umwelt* (1994).

Über die »stillen Jahre« in der **Zeit der beiden Weltkriege** werden auch in der umwelthistorischen Literatur eher wenige Worte verloren. Frank Uekötter, *Von der Rauchplage zur ökologischen Revolution* (2003), analysiert anschaulich mit Beispielen unter anderem aus der Region einen wichtigen Aspekt. Relativ gut erforscht ist die Geschichte des Naturschutzes dieser Zeit durch Willi Oberkrome, *»Deutsche Heimat«: Nationale Konzeption und regionale Praxis von Naturschutz, Landschaftsgestaltung und Kulturpolitik in Westfalen-Lippe und Thüringen 1900–1960* (2004); Thomas M. Lekan, »Organische Raumordnung: Landschaftspflege und die Durchführung des Reichsnaturschutzgesetzes im Rheinland und in Westfalen«, in: *Naturschutz und Nationalsozialismus*, hrsg. von Joachim Radkau und Frank Uekötter (2003); und Almut Leh, »›Grüne Not‹ und ›Grüne Widerstandsbewegung‹ – Naturschutz in Westfalen«, in: *Westfälische Forschungen*, 57 (2007).

Über die durch **»Wirtschaftswunder« und Wohlstandsgesellschaft** geprägten ersten 25 Jahre seit der Gründung Nordrhein-Westfalens geben neben den oben schon genannten Büchern von Oberkrome und Uekötter Auskunft: Kai Hünemörder, *Die Frühgeschichte der globalen Umweltkrise und die Formierung der deutschen Umweltpolitik 1950–1973* (2004); Christoph Nonn, »Vom Naturschutz zum Umweltschutz. Das Beispiel Luftreinhaltung in Nordrhein-Westfalen zwischen den 1950er und frühen 1970er Jahren«, in: *Geschichte im Westen*, 19 (2004); Frank Uekötter, *Naturschutz im Aufbruch: Eine Geschichte des Naturschutzes in Nordrhein-Westfalen 1945–1980* (2004).

Befindet sich Nordrhein-Westfalen seit den 1970er-Jahren **im ökologischen Zeitalter**? Dazu gibt es bisher nur wenig historische Literatur. Beiträge zur umweltpolitischen Entwicklung finden sich bei Franz-Josef Brüggemeier, »Erfolg ohne Väter? Die Umweltpolitik in der Ära Rau«, in: *Versöhnen statt Spalten*, hrsg. von Jürgen Mittag und Klaus Tenfelde (2007), und bei Guido Hitze, *Verlorene Jahre? Die nordrhein-westfälische CDU in der Opposition 1975–1995* (2010). Viele Informationen zur Entwicklung der Landwirtschaft bietet Karl Ditt, Rita Gudermann und Norwich Rüße (Hrsg.), *Agrarmodernisierung und ökologische Folgen: Westfalen vom 18. bis zum 20. Jahrhundert* (2001). Zahlreiche allgemeine Einsichten vermittelt auch Frank Uekötter, *Am Ende der Gewissheiten: Die ökologische Frage im 21. Jahrhundert* (2011). Umfangreiches Material findet sich in den Berichten und auf den Internetseiten des NRW-Umweltministeriums und des ihm zugeordneten Landesamtes für Natur, Umwelt und Verbraucherschutz (LANUV). Seinen individuellen ökologischen Fußabdruck berechnen und etwas über die Möglichkeiten zu dessen Verringerung erfahren kann man auf http://uba.co$_2$-rechner.de/de_DE/.

# VOM LAND UND SEINEN LEUTEN

»Ein flott und
anschaulich
geschriebenes
Lehr- und Lesebuch«
(WDR)

**Kleine Migrationsgeschichte
von Nordrhein-Westfalen**
Christoph Nonn
168 Seiten l 13 × 21 cm
Gebunden mit Schutzumschlag
18,90 Euro
ISBN 978-3-7743-0479-6

GREVEN VERLAG KÖLN
Einfach schöne Bücher